Klaus-Thorsten Tegge

Tauchen auf
Gozo

Impressum

Klaus-Thorsten Tegge - **Tauchen auf Gozo**

Danke -
an alle, die bei der Verwirklichung dieses Buches geholfen haben.

Klaus-Thorsten Tegge, 1961 in Hamburg geboren, taucht seit 1977. Er ist Tauchlehrer** im Deutschen Unterwasserclub Hamburg/ VDST. In enger Verbindung zu "seinem" Element, dem Wasser, hat sich der Ingenieur für Umwelttechnik dem Tauchen und dem Gewässerschutz verschrieben. Neben seiner Anstellung bei der Umweltbehörde Hamburg bemüht er sich seit Jahren durch Veröffentlichungen Probleme des Gewässerschutzes aufzuzeigen. Gozo hat er 1994 als Tauchreiseziel kennengelernt. Seitdem führen ihn regelmäßig Urlaubs- und Ausbildungsreisen auf diese schöne maltesische Insel.

Kontakt:

kt.tegge@gozo-tauchen.de
www.gozo-tauchen.de

© Copyright - Klaus-Thorsten Tegge, 3. Auflage Hamburg 2009
Herstellung und Verlag: Books on Demand GmbH, Norderstedt
Printed in Germany - ISBN: 978-3-8311-1126-8

Endlich bin ich - wieder - da! Die heiße Luft empfängt mich auf dem internationalen Airport von Malta und ich weiß, dass mich nun nur noch wenige Stunden vom ersten Tauchgang im glasklaren Wasser des maltesischen Archipels trennen. Wie gewohnt steht der Taxifahrer bereit - ist es nicht sogar derselbe wie letztes Jahr? - , der mich zum Hafen nach Cirkewwa chauffieren soll. Von dort geht die Fähre zum ersehnten Ziel: Gozo, die kleine Schwesterinsel Maltas. Habe ich Zuhause dieses Urlaubsziel angekündigt, traf ich bei Kollegen und Freunden meist auf Unwissenheit ob der Lage dieses Fleckens Erde. Bei Tauchern hingegen ist Gozo inzwischen bekannt - und dies aus gutem Grund.

Zwar nicht so bunt wie das Rote Meer und vielleicht nicht ganz so arten- und individuenreich wie manch anderer Tauchplatz am Mittelmeer, besticht dieses Revier vor allem durch seine beeindruckende Unterwasserlandschaft kombiniert mit den schönsten Blautönen, die ich je gesehen habe. Auf Gozo gibt es zahlreiche wunderschöne Tauchspots auf engstem Raum. Und das in einer Umgebung, die weitgehend vom Massentourismus der Hauptinsel verschont geblieben ist und hoffentlich auch bleibt.

So bin ich froh, als ich die Fähre betrete - die wohl schon tausendmal die halbstündige Überfahrt geschafft hat und entgegen ihres optischen Eindrucks auch noch die folgende überstehen wird - und damit die lärmende Hauptinsel verlasse. Neben dem Tauchen sehne ich mich ebenso nach der Ruhe und der freien Landschaft von Gozo. Für das Wohl der Taucher sorgen zurzeit rund zwölf Tauchbasen mit ihren umfangreichen Angeboten. Besonders beliebt und günstig ist das Tauchen für Individualisten. Mit Leihwagen und gefüllter Flasche kann an allen Plätzen selbständig getaucht werden. Tauchen nach dem Ausschlafen oder um Mitternacht? Kein Problem für den, der

sich vor Ort auskennt. Das notwendige Wissen hierzu möchte ich mit diesem Tauchführer vermitteln. Ich hoffe, dass Euch die Informationen helfen, Gozo richtig kennen zu lernen. Vielleicht denkt Ihr dann beim nächsten Urlaub auch: „Endlich bin ich - wieder - da!"

Viel Spaß bei Eurer Gozo-Reise wünscht

Klaus-Thorsten Tegge

Vorwort zur 3. Auflage:

Inzwischen bin ich seit 15 Jahren regelmäßig auf Gozo und habe - so hoffe ich - mit den Informationen aus diesem Buch vielen (Tauch)-Reisenden geholfen. Eine solche Zeitspanne geht auch an Gozo nicht ohne Veränderungen vorbei, Positive wie auch Negative. So ist die Anbindung an die Hauptinsel inzwischen schneller und regelmäßiger, die Straßen - zumindest teils - in besserem Zustand und das touristische Angebot kompletter geworden. Die EU-Vollmitgliedschaft hat zudem den Euro und viele Anpassungen an europäische Standards gebracht, bzw. man ist auf dem Weg dorthin.

Manche Änderungen können zwar auch als Nachteil gesehen werden, denn ganz so verschlafen wie damals, ist es auf Gozo wohl nicht mehr. Dennoch, und da werden mir sicher viele eingefleischte Gozo-Fans Recht geben, ist die Liebenswürdigkeit der Insel, die fast menschenleeren "Rückzugsräume" (außerhalb der Hochsaison) und das Flair nicht verloren gegangen. Für das Tauchen stimmt dies allemal. Diese Neuauflage bleibt somit in Ihrer Grundidee den Vorgängern gleich, eben nur mit vielen kleinen Aktualisierungen sowie mit mehr - und zum ersten Mal - meist farbigen Bildern.

Inhalt

Vorwort 3
Einleitung 5

Tauchen auf Gozo 6
Allgemeines 6
Tauchgenehmigungen 6
Selbstorganisiertes Tauchen / Gruppenreisen 6
Tauchbedingungen 8
Die Unterwasserwelt 10
Biologie der maltesischen Gewässer 10
Bootstauchgänge und Tauchen auf Malta und Comino ... 12
Tauchcenter 13
Schnorcheln 15
Weitere wichtige Hinweise 16

Gozos Landtauchplätze 18
Xwieni Bay 21
Double Arch Reef 23
Anchor Reef 26
Reqqa Point 27
Billingshurst Cave 30
Ghasri Valley mit Kathedrale (Blue Dome) 32
Inland Sea 34
Dwejra Point (Blue Hole, Azure Window, Coral Cave) 37
Crocodile Rock 41
Fungus Rock 44
Xlendi Bay 45
Ta'Cenc (Il-Kantra) und Fessej Rock 48
Mgarr Ix-Xini 51
Xatt I-Ahmar (Mellieha Point) mit Wracks 52
Hondoq Bay 56

Infoteil: Landeskunde, touristisches Gozo und Reisetipps 58
Land und Leute 58
Zur Geschichte 60
Sehenswürdigkeiten - ein Ausflug auf Gozo 62
Tipps und Reiseinfos von A – Z 65

Literaturvorschläge 76

Bilderläuterungen / Es empfehlen sich 78

Notfallplan 84

Das Tauchen auf Gozo ist schön und faszinierend. Doch was genau erwartet den Taucher? Mit Informationen über die allgemeinen Tauchbedingungen beginnt dieser Führer. Als nächstes, sozusagen dem Herzstück des Buches, folgt die Vorstellung der Tauchplätze. Jeder wird ausführlich beschrieben: Anfahrt, Einstiege, Tauchgangsvorschläge und Variationen, Besonderheiten sowie Sicherheitsaspekte und Tipps für das „Après diving". Zum Zurechtfinden vor Ort dienen übersichtliche Lagepläne.

Ein Kurzüberblick zur Insel, seiner Bevölkerung, der interessanten Geschichte sowie den Sehenswürdigkeiten soll aufzeigen, wo der Urlaub verbracht wird. Und darüber hinaus dazu anregen, sich neben den Tauchgängen zur Entdeckung weiterer schöner Seiten Gozos aufzumachen.

Anreise, Wetter, Adressen, Links und, und, und... . Alle praktischen und touristisch notwendigen Informationen für die Gozo-Reise sind im Infoteil zusammengestellt. Verzichtet wurde dagegen auf die Darstellung der Unterwasserflora und -fauna.

Diese entspricht - weitgehend - der Biologie anderer Mittelmeerreviere und ist schon in zahlreichen Werken gut und umfangreich beschrieben. Einige empfehlenswerte Biologieführer sind in der Literaturliste am Ende des Buches aufgeführt. Ergänzt wird die Aufstellung mit Vorschlägen für weitere Tauch- und Reiseliteratur.

Im Falle eines Falles ist schnelle Hilfe dringend erforderlich. Für diesen Notfall ist die letzte Seite reserviert. Dort sind die wichtigsten Angaben und ein Notfallplan zusammengefasst. Ein Tipp: kopieren und immer zum Tauchen mitnehmen.

Inzwischen muss auch in diesem Buch - im Gegensatz zu den vorhergehenden Ausgaben - nicht mehr auf Farbbilder verzichtet werden. Noch viel mehr Impressionen sind auf meiner Homepage www.gozo-tauchen.de zu finden. Bewegte Bilder mit Unterwasseraufnahmen der bekanntesten Tauchplätze gibt es auf einer DVD zum Buch, die auf der Homepage bestellt werden kann.

Tauchen auf Gozo

Allgemeines

Gozo ist überschaubar: Ein kleiner Kalksteinfelsen, der aus dem Meer ragt. Schroffe bis zu 160 Meter hohe Steilküsten, die sich unter Wasser fortsetzen, prägen diese knapp 15 Kilometer lange und maximal sieben Kilometer breite Insel. Dazwischen erstrecken sich Landstriche, in denen die Küste eher gemächlich ins Meer abfällt. Ferner setzen die sieben Tafelberge, die dem Eiland auch den Namen „Insel der sieben Hügel" einbrachten, landschaftliche Akzente.

In der Mitte von allem thront Gozos Hauptstadt Victoria (maltesisch Rabat) mit ihrer alles überragenden Festung (Citadel). Von hier aus winden sich holprige und enge Straßen über die Insel und verbinden die Ortschaften, welche sich entweder exponiert auf den Anhöhen ausstrecken oder sich in - teils engen - Buchten an die insgesamt 43 Kilometer lange Küste schmiegen. Weitere unübersehbare Landmarken stellen die zahlreichen Kirchenkuppeln dar.

Im Gegensatz zu vielen anderen Mittelmeerinseln ist es auf Gozo üblich, von Land aus zu tauchen. An vielen Orten gibt es befahrbare Zugänge zur Küste, so dass die meisten Tauchplätze mit dem Auto erreichbar sind. Hierzu kann sich der Führung einer Tauchbasis bedient werden. Es ist aber ebenso gut möglich, und günstiger, die Tauchgänge in Eigenregie durchzuführen.

Tauchgenehmigungen

Erste Voraussetzung für das Tauchen auf Gozo ist eine medizinische Tauglichkeit. Hierfür muss jeder Taucher entweder ein gültiges Attest vorlegen oder eine medizinische Selbstauskunft abgeben. In Zweifelsfällen ist eine tauchärztliche Untersuchung notwendig. Zum selbstständigen Tauchen ist eine Anmeldung bei einer lizenzierten Tauchbasis erforderlich. Taucher (Mindestalter 14 Jahre) mit mindestens VDST / CMAS- 2-Sterne-Qualifikation, PADI AOWD oder gleichwertiger Ausbildung benötigen

dazu: gültiges Attest, zwei Passfotos, Logbuch und Brevet. Flaschen, Luft und Blei gibt es dann preiswert bei der Basis. Dann noch ein Leihwagen - am besten einen Jeep - und es kann losgehen. Das Tauchen ist mit zwei Ausnahmen weder örtlich noch zeitlich reglementiert. Lediglich in der Ramla Bay und am südlichen Ausgang der Xlendi Bay darf aufgrund archäologischer Fundstätten nicht getaucht werden. Für alle Tauchgänge gilt: 40 Meter sind genug! Empfehlung: Taucher, die das erste Mal auf Gozo Urlaub machen, sollten sich zuerst einigen geführten Tauchgängen anschließen. Dabei können Sie die Bedingungen, die nicht immer einfach sind, kennen lernen. Unter der Obhut eines erfahrenen Guides ist der Einstieg in das Abenteuer Gozo-Tauchen entspannt (und sicherer) und man kann sich auf die Unterwasserwelt konzentrieren.

Fehlt das brevetierte 2-Sterne-Können, sehen die örtlichen Reglements das Tauchen in Begleitung eines Tauchlehrers vor. Ist eine Grundausbildung vorhanden, können begleitete Tauchgänge an allen Landtauchplätzen sowie Bootstauchgänge durchgeführt werden. Lockere (Groß)-Gruppeneinteilung ist vor allem in der Hauptsaison vorherrschend, was nicht unbedingt jedermanns Sache ist. In der Nebensaison kann es dagegen vorkommen, dass einem ein Tauchguide alleine zur Verfügung steht. Qualifizierte Taucher, die sich einer Basis anschließen wollen, können in der Regel unabhängig vom Gruppengewühl tauchen. Anfänger müssen zuerst einen Grundkurs absolvieren. Diesen, wie auch vertiefende Ausbildungsstufen sowie diverse Sonderkurse, bieten alle Tauchbasen an. Das Mindestalter für Freiwassertauchen beträgt 10 Jahre. Jugendliche unter 18 Jahren müssen die Zustimmung eines Erziehungsberechtigten vorlegen.

Selbstorganisiertes Tauchen / Gruppenreisen

Besonders attraktiv ist das Tauchen für Gruppen, die ihren eigenen Tauchlehrer mitbringen. Nachdem dieser sich auf einer Tauchbasis angemeldet hat - dazu sind die Tauchtauglichkeit, die Qualifikation

Tauchen auf Gozo

sowie ein Versicherungsschutz nachzuweisen - darf der TL auch Anfänger und 1-Sterntaucher unabhängig von einer Tauchbasis durch die Tauchgründe führen. Selbst organisierte Ausbildungsreisen für Anfänger und Fortgeschrittene oder auch Spezialkurse sind unter diesen Voraussetzungen ideal durchzuführen.

Die maltesischen Reglements erkennen leider nicht die deutsche Übungsleiter / Trainer C-Lizenz oder die hierzulande gebräuchliche 4-Sterne Regel an. Taucher mit nur einem Stern benötigen einen begleitenden Tauchlehrer. Wer jetzt angesichts der formalen Notwendigkeiten unsicher wird - keine Sorge: der erforderliche Papierkrieg beschränkt sich auf ein Formular und wird heutzutage direkt von der Tauchbasis erledigt.

Tauchbedingungen

Überall gilt normalerweise: beste Sicht. 25 Meter sind Mindeststandard und oft werden auch 40 Meter - und mehr - erreicht! Lediglich Regen und Sturm können für Beeinträchtigungen sorgen. Niederschläge spülen den weichen Fels der Insel ab und können das Meer im Umfeld der Zuflüsse für einige Zeit in Trübwasserzonen verwandeln. Starker Wellengang kann zudem Sand aufwirbeln und Luftbläßchen ins Wasser eintragen und damit die Sichtbedingungen verschlechtern. Glücklicherweise ist schlechtes Wetter in der Hauptreisezeit von April bis November selten [-> Klima und Wetter]. Dort wo die Ufer unmittelbar steil abfallen und es keine Zuflüsse gibt (z.B. am Reqqa Point) wird dagegen die Sicht kaum vom Wetter beeinflusst.

Neben den ausgezeichneten Sichtverhältnissen sind für Gozo die vielen Steilabfälle charakteristisch. An diesen reizvollen Tauchplätzen können sehr schnell große Tiefen erreicht werden. Also Vorsicht! Sorgfältige Tauchgangsplanung und strikte Beachtung der vorher gesetzten Tiefenlimits (max. 40 Meter!) sollten Probleme wie Tiefenrausch, Luftmangel oder lange Dekompressionszeiten verhindern. Man bedenke: 50 Prozent aller Dekounfälle

sind auf Luftmangel zurückzuführen. Wer seine Fähigkeiten - und die seiner Partner - selbstkritisch beurteilt und dem Ausbildungsniveau entsprechend taucht, kann an Gozos Steilwänden traumhafte Tauchgänge unternehmen.

Taucher im Calypso Tunnel

Ebenfalls bieten enge Schluchten und riesige Unterwasserfelsen einzigartige Eindrücke. Dazu gibt es etliche Höhlen. Diese haben häufig einen weiten Eingang und erstrecken sich als große - teils riesige - Räume in den Fels. Hier können auch Anfänger im Höhlentauchen erste Erfahrungen sammeln. Bei diesem Höhlentyp - und nur solcher ist hier gemeint! - ist jederzeit ausreichend Licht vorhanden und damit der Aufbau und (besonders wichtig) der Ausgang ständig zu erkennen. Dennoch ist es erforderlich, eine Lampe mitzunehmen, schon wegen der Sicherheit. Aber auch um sich die bewachsenen Höhlenwände und die vielen kleinen und großen Grotten, Einschnitte und Löcher anzukucken. Natürlich gilt es bei diesen Tauchgängen, noch umsichtiger als gewöhnlich zu tauchen, ist doch der Weg zur Wasseroberfläche deutlich verlängert. Dort, wo es eng und dunkel wird, endet für den „Normaltaucher" der Spaß. Nur Höhlenerfahrene mit entsprechender Ausbildung dürfen sich weiter ins Innere vorwagen. Glücklicherweise sind viele Höhlen von der unkomplizierten Art und deshalb unbedingt zu empfehlen!

Bietet sich Gozo für Höhlentauchen, Nachttauchen, Unterwasserfotografie oder der Meeresbiologie geradezu an, ist man dagegen auf der Suche nach Strömung am falschen Ort. Diese kommt selten und meist nur schwach vor. An exponierten Stellen und Meerengen, z.B. im North Comino Channel, der Küste beim Reqqa Point oder vor dem Dwejra Point treten sie zeitweilig auf [-> Beschreibung der Tauchplätze].

Betauchbare Wracks suchte man auf Gozo bis vor einigen Jahren vergeblich. Doch inzwischen kann Gozo mit drei Schiffsruinen aufwarten. Ende 1999 wurde die Autofähre „Xlendi" - leider kopfüber - vor der Südküste unweit des Mellieha Point für die Taucher versenkt Dieses Wrack ist aber inzwischen sehr instabil und darf nur noch von außen betaucht werden. Zwei weitere Schiffe wurden im Sommer 2006 gleich nebenan auf Grund gesetzt [-> Tauchplatz 14. Xatt l-Ahmar]. Für Liebhaber des Stahlschrottes gibt es zudem mehrere sehenswerte Exemplare auf Malta.

Ein weiterer wichtiger Punkt sind die Einstiege: Von flachen Kiesstränden, betonierten – allerdings oft glitschigen – Molen und langen Treppenabstiegen bis zu abenteuerlichen Kletterpartien, kombiniert mit tollkühnen Sprüngen, ist alles vorhanden. Mit etwas Vorsicht und Planung sind die meisten Plätze aber für jeden erreichbar. Dort stellt sich dann die nächste Frage (die tunlichst vor dem Anziehen geklärt werden sollte): lässt die See den „Zutritt" überhaupt zu?

Bei Wind kommt schnell Wellengang auf, und so mancher Einstieg verwandelt sich zu einem gefährlichem „Tanz mit den Wellen". Auch wenn man eventuell noch gut ins Wasser hineinkommt, was in der Regel einfacher ist, darf nicht vergessen werden, dass an derselben Stelle auch wieder ausgestiegen werden muss. Oft gibt es keine Alternative. Und wenn das Brodeln des Meeres während des Tauchganges noch zunimmt..... dann kann es „böse" enden!

Achtung! Das ist ein wichtiger Punkt beim Tauchen auf Gozo. Der morgendliche „Windcheck" gehört deshalb zu jeder Tagesplanung. Die Windabhängigkeit ist bei vielen Tauchplätzen hoch. Schon mäßige Winde können in kurzer Zeit eine erhebliche Brandung aufbauen, die den Zugang zum Wasser erschwert oder auch unmöglich macht. Ungeschützte Einstiege auf der Wind zugewandten Seite sind besonders stark betroffen.

Die Nordküste bei Wind

Starke Dünung kann nach stürmischem Wetter noch ein paar Tage den Einstieg beeinträchtigen. Glücklicherweise ist die Insel ja recht klein und ein windgeschütztes Plätzchen als Alternative immer in der Nähe. Im Zweifel lieber dorthin ausweichen: Vorsicht geht vor Wagemut! Man stelle sich eine Welle vor, die einen erst zwei Meter in einem scharfkantigen Spalt hochschiebt, dann aber schnurstracks nach unten verschwindet. Ohne Halt zieht einen die Schwerkraft erbarmungslos über das scharfe Felsgestein zurück in die Tiefe. Verletzungen sind dann vorprogrammiert, und auch Neopren, Kameras und andere wertvolle Dinge finden solche Eskapaden sicher nicht so toll.

Alles in allem ist aber bei Beachtung der genannten und allgemein üblichen Vorsichtsregeln das Tauchen unkompliziert, da ungünstiges Wetter, insbesondere in der Hauptreisezeit, nur selten vorkommt.

Die Unterwasserwelt

Gozos Unterwasserlandschaft präsentiert sich, wie schon angedeutet, außerordentlich vielseitig. Sehr beeindruckend sind die Steilhänge, die sich unter Wasser oft bis in 40 Meter Tiefe und mehr fortsetzen. Diese Wände sind zum Beispiel am Ausgang vom Inland Sea oder an der gesamten nordwestlichen Steilküste zu finden. Viele Abstürze beginnen erst unter der Wasseroberfläche, so zum Beispiel zwischen Xwieni Bay und dem Reqqa Point. Dort breitet sich im flachen Wasser ein Plateau aus. Erst weiter draußen stürzt dann unversehens der Grund auf 35 Meter ab. Am Fuße dieser Wände ist Sandgrund, der mal schnell, mal gemächlich in noch größere Tiefen abfällt. Oft liegen unterhalb der Wände riesige Felsbrocken, die vom Festland abgebrochen sind. Nicht alle stammen aus Urzeiten. Ein Beispiel: Beim Vergleich mit älteren Bildern vom Azure Window fällt eine erhebliche Lücke im Bogen auf. Das fehlende Gestein stapelt sich nun auf dem Meeresboden unterhalb des Fensters.

Nicht bis zum Boden muss derjenige tauchen, der schöne Höhlen sucht. Schon in geringen Tiefen sind diese, aus dem weichen Kalkstein gespülten Objekte aus der Entstehungszeit Gozos, zu finden. Neben riesigen Gebilden, die in Form und Größe Konzertmuscheln gleichkommen, sind überall kleine und kleinste Grotten zu entdecken. Viele ziehen sich weit in den Fels hinein.

Erstreckt sich solch eine Aushöhlung mehr in die Senkrechte, spricht man von „Kamin" (englisch: chimney). Schöne Beispiele befinden sich links vom Blue Hole und am Reqqa Point. Im Anschluss an den „Chimney" am Blue Hole folgt ein kleiner Tunnel, ein weiterer Typ von Unterwassergebilde. Etwas größer ist der bekannte, teils höhlenartige Durchbruch an der Xlendi Bay. Der Einschnitt vom Inland Sea zum freien Meer kann dagegen eher als Canyon bezeichnet werden. Weitere Schluchten gibt es im Ghasri Valley und Mgarr Ix-Xini. Auch dort setzen sich die fast senkrecht abfallenden Ufer eindrucksvoll unter Wasser fort. Einmalig ist dagegen der riesige Felsbogen des Azure Window. Der Außenpfeiler kann wie eine Säule umtaucht werden.

Kleiner, aber nicht weniger schön, ist der Doppelbogen Double Arch. Diese zwei Durchbrüche in einer schmalen Felswand befinden sich im gut 30 Meter tiefen Wasser nordwestlich vor der Xwieni Bay. Einzelne freistehende Felsen, die zum Teil aus dem Wasser ragen - die mächtigsten sind Fungus Rock und Fessej Rock - runden das Sortiment an auffälligen Naturbauwerken ab. Als besonderer „Leckerbissen" sei in dieser Aufzählung nochmals das Blue Hole erwähnt. Denn an diesem extravaganten Ort sind Steilwand, Kamin, Bogen und Höhle miteinander vereint.

Freunde von Sandgrund und Seegraswiesen kommen aber ebenso auf ihre Kosten. Auch dieser höchst interessante Lebensraum ist reichlich vorhanden. Getreu dem Motto „Auch die Unterwasserwüste lebt" wird auf den sandigen Flächen der eher langweilige Landschaftseindruck durch Begegnungen mit Arten, die in den felsigen Regionen nicht anzutreffen sind, kompensiert.

Biologie der maltesischen Gewässer

Die Unterwasserflora und -fauna besteht aus den allgemein im Mittelmeer bekannten Arten. Die strukturreichen Küstenabschnitte der Inseln bieten unterschiedlichste Lebensräume, und so wird jeder Tauchgang zu einer Entdeckungsreise.

Allgegenwärtig, bunt und zahlreich, wenn auch nicht besonders groß, sind die Fische, von denen es gerade an den Steilwänden nur so wimmelt. In größeren Tiefen trifft man immer wieder auf stattliche Zackenbarsche und beim Blick gegen die Wasseroberfläche sind Barakudas und Hornhechte zu entdecken. Vereinzelt kann man zwischen dem Felsgestein Muränen finden. Ebenfalls mehrere Rochenarten sind an Gozos Küsten heimisch. Gelegentlich sollte auch ein Blick ins freie Wasser geworfen werden. Zwar werden dabei Haie und Thunfische - die in größeren Tiefen vorkommen - nur selten ins Blickfeld geraten, dagegen sind häufig große Schwärme von Stachelmakrelen, Heringen und Sardinen zu beobachten.

Dicht an die bewachsenen Felsen heran muss derjenige, der die ganze Vielfalt des Hartsubstrates beobachten will. Zahlreiche Algen, Schwämme, Ringelwürmer und Stachelhäuter sind dort zu Hause. In schattigen Bereichen sind häufig ausgedehnte Kolonien von gelben Krustenanemonen zu finden.

Auf geschützten Bodenflächen - z.B. von Höhlen - leben oft schöne Exemplare von Zylinderrosen. Schnecken, auch einige Arten ohne Gehäuse, und Einsiedlerkrebse bewegen sich, neben den allgegenwärtigen Feuerwürmern, über den Bewuchs. Oft sind dazwischen Igelwürmer mit ihren langen Rüsseln auf Nahrungssuche.

Die Begegnung mit Sepien gehört fast zu jedem Tauchgang. Dagegen ist der verwandte Oktopus tagsüber nur schwer in seinen Felsverstecken zu finden. Bei Nachttauchgängen ist er regelmäßig anzutreffen. Im Dunkeln trifft man häufiger auch auf große Tonnenschnecken, die mit erstaunlicher Geschwindigkeit über den Sandboden „jagen".

Roter Spitzkopf-Schleimfisch

Überhaupt ist dieser Lebensraum zahlreich besiedelt. Plattfische, Rochen, Himmelsgucker und Knurrhähne, Muscheln und Seesterne, Krebse und Würmer... was es nicht alles zu entdecken gibt! Häufig sind die Sandböden auch mit großflächigen Seegraswiesen bedeckt. Sie bieten unter anderem Seenadel und Seepferdchen - die allerdings inzwischen sehr selten geworden sind - idealen Lebensraum. Es ist daher äußerst lohnend, einen ausführlichen Biologieführer mitzunehmen, um die gesichteten Arten gleich nach dem Tauchgang zu identifizieren [-> Literaturvorschläge].

Bootstauchgänge und Tauchen auf Malta und Comino

Obwohl viele Plätze von Land aus betaucht werden können, sind damit nicht alle Tauchmöglichkeiten erschlossen. Weite Küstenbereiche sind nur mit einem Boot erreichbar.

Dazu gehören insbesondere die im Nord- und Südwesten liegenden Steilküsten. Auch dort sind beeindruckende Steilabfälle und Höhlen zu finden. Wer die Plätze betauchen möchte, sollte sich einer Bootsausfahrt mit seiner Tauchbasis anschließen, die regelmäßig angeboten werden. Es können aber auch Boote ausgeliehen werden, um diese Ausflüge selbst zu organisieren. Ebenso sind diese, natürlich etwas teureren, Ausfahrten denjenigen zu empfehlen, die Kletterpartien oder längere Schnorchelstrecken vermeiden wollen. Als Abwechslung zu den üblichen Landtauchgängen sei jedem zumindest ein Bootsausflug angeraten. Ganz neue landschaftliche Eindrücke, als die vom „Blue Hole & Konsorten" schon bekannten, sollten aber nicht erwartet werden. Empfehlenswert ist der „San Dimitri Point" an der Nordwest-Spitze. Er ist berühmt für seine riesigen Barakuda-Schwärme.

Neben Gozo bieten natürlich auch Malta und Comino nette Tauchplätze. Abgesehen von den Wracks gibt es dort aber nicht viel Neues zu sehen. Auf Malta herrscht größerer Trubel, auch an den Tauchplätzen. Weit mehr als 20 Tauchbasen und entsprechend viele Taucher sind auf der Hauptinsel aktiv. Die Zahl der Einstiege ist dagegen nicht viel größer als auf Gozo. Hervorzuheben ist der Platz Migrah Ferha – eine imposante Steilwand unterhalb der Dingli Cliffs sowie der berühmte Blenheim Bomber an der Ostküste Maltas. Als Zeugnisse der heftigen Bombardierung Vallettas liegen mehrere Schiffswracks (u.a. HMS Maori und Carolita) in den Hafenbecken der Hauptstadt. Sie sind, allerdings bei verhältnismäßig schlechten Sichtbedingungen, attraktive Tauchziele. Ein weiteres beliebtes Ziel ist das, vom Land aus erreichbare, Wrack „Um El Faroud" an der Südküste Maltas.

Mehrere, teilweise erst vor kurzem versenkte Schiffe, ergänzen das Angebot für Wrackfans. Beliebt und schnell mit dem Boot von Gozo erreichbar ist das Wrack der Rozi am Fähranleger in Cirkewwa auf Malta. Seit Sommer 2007 befindet sich der bekannte Schlepper in Gesellschaft des ehemals deutschen Patrouillenbootes „Boltenhagen". Dies wird vor Ort allerdings P29 genannt.

Tauchcenter

Auf Gozo bieten derzeit cirka 12 Tauchbasen ihre Leistungen an. Neben der Versorgung mit Flaschen, Atemluft und Tauchutensilien werden täglich Ausfahrten per Auto oder Boot organisiert. Weiterhin stehen Tauchausbildung und unterschiedliche Sonderkurse auf der Angebotsliste. Die Schulung nach PADI ist der gängige Standard, doch es wird auch nach VDST/CMAS-Richtlinien ausgebildet.

Nachdem bis vor einigen Jahren ausschließlich Presslufttauchen durchgeführt wurde, bieten inzwischen fast alle Basen Nitrox und teilweise auch Sauerstoff und Trimix an. So wird man der zunehmenden Zahl an Tec-Tauchern gerecht. Einige Tauchcenter führen zudem die dazugehörige Ausbil-

Sehr zu empfehlen ist ein Tagesausflug nach Comino. Die kleinste der drei bewohnten Inseln des Archipels, genau zwischen Malta und Gozo gelegen, fasziniert durch das glasklare und tiefblaue Wasser. Die Tauchausfahrt per Boot hat meist die Santa Marija Cave sowie das Latern Reef zum Ziel. Zwischen diesen schönen Tauchgängen lädt die Blue Lagoon, die ihren Namen zu Recht trägt, zum Baden und Picknicken ein. Allerdings ist zweifelhaft, ob hier – wie es häufig erzählt wird – tatsächlich ein Teil des gleichnamigen Filmes gedreht wurde, da doch offensichtlich jeglicher Ansatz einer Palme fehlt.

Comino - mit Blue Lagoon im Hintergrund

dung durch. Oft bieten die Tauchbasen gleichzeitig Unterkunft, Flughafentransfer und Leihwagenvermitlung an. Somit reicht meist ein Ansprechpartner, um alle Leistungen für den Tauchurlaub zu buchen. Manchmal wird auch die Vermittlung des Fluges offeriert. Einfacher geht es kaum. Zu beachten ist, dass nicht alle Tauchbasen ganzjährig geöffnet sind.

Atlantis Diving

Qolla Street, Marsalforn, MFN 1405, Gozo, Malta
Tel: (00356) 21 55 4685, Fax: 21 555661
Mobil: 7971 0390, Email: info@atlantisgozo.com
www.atlantisgozo.com
Diese Basis unter Leitung von Brian und Stephania Azzorpardi ist meine persönliche Empfehlung. Komplettes Angebot für Taucher, Tauchshop, sowie eigene günstige Apartments. Vermittlung von Unterkünf-

Tauchcenter

ten aller Kategorien, Leihwagen, Flughafen Transfer u.a.m.. Ausbildung: PADI (5star IDC) in Englisch, Italienisch, Französisch, Holländisch + Deutsch (saisonal abhängig), sowie BSAC (CMAS), Nitrox- und Trimix-Füllungen.

Blue Waters Dive Cove

Kuncizzjoni Street, Qala, Gozo, GSM 103, Malta
Tel: (00356) 21 565626, Mobil: 99 224114
Email: info@divebluewaters.com
www.bluewaters.com
Neue Tauchbasis in Qala, oberhalb des Hafenortes Mgarr, abseits touristischer Pfade. Tauchkurse und Ausfahrten, Tourist Service. Ausbildung: PADI in Englisch, Deutsch und Italienisch.

Calypso Diving Centre

Marsalforn Bay Seafront, Gozo, Malta
Tel: (00356) 21 561757, Fax: 21 562020
Email: info@calypsodivers.com
www.calypsodivers.com
Die Tauchschule liegt am gleichnamigen Hotel direkt am Hafen von Marsalforn: Tauchshop, eigene Boote, Urlaubspakete! Ausbildung: PADI, BSAC in Englisch, Italienisch, Deutsch!

Extra Divers

St. Anthony Street, Ghanjsielem, Gozo, Malta
Tel: (00356) 2155 6183, Fax: 2155 9744
Email: extradivers@grandhotelmalta.com
www.extradiversgozo.com
Deutsch geführte kleine Tauchbasis, die an das Grand Hotel angeschlossen ist. Die kleine, aber sehr ordentliche Basis liegt direkt oberhalb vom Mgarr Hafen.

Frankie's Gozo Diving Centre

Mgarr Road, Xewkija, Gozo, Malta
Tel: (00356) 21 551315, Fax: 21 560356
Mobil: 99 497757, Email: info@gozodiving.com
www.gozodiving.com
Die Basis liegt an der Hauptstrasse vom Mgarr nach Victoria und ist seit 2008 unter deutsch sprechender Leitung von Janet & Oliver. Das weit gefächerte Angebot von Tauchausfahrten, Shop und Kursen

sowie allen touristischen Dienstleistungen bleibt bestehen. Einziger Anbieter für mehrtägige Tauch-kreuzfahrten. Ausbildung: PADI in Englisch, Italie-nisch, Holländisch, Französisch und Deutsch.

Gozo Aqua Sports

Green Valley, Rabat Road, Marsalforn, MFN 9014,
Tel: (00356) 21 563037, Fax: 21 559938
Email: dive@gozoaquasports.com
www.gozoaquasports.com
PADI 5-Star Center. Ausbildung: PADI und BSAC (CMAS) in Englisch, Holländisch und Deutsch. Die Basis bietet u.a. auch Kinderbetreuung an.

Moby Dives

Tradewinds Bldg, Triq il-Gostra, Xlendi VCT 115
Tel: (00356) 21 564429, Fax: 21 554606
Mobil:99 499595, Email: info@mobydivesgozo.com
www.mobydive.com
Direkt an der Xlendi Bay gelegen. Eigene Unter-künfte und Restaurant direkt an der Basis, Indoor Pool, Shop, Behinderten-Tauchen. Ausbildung: PADI (5star IDC) in Englisch, Holländisch, Norwe-gisch und Deutsch.

Nautic Team Gozo

Volcano Street, Marsalforn, Gozo, Malta
Tel&Fax: (00356) 21 558 507
Email: nauticteam@fastnet.net.mt
www.nauticteam.com
Etablierte deutsche Tauchbasis im Zentrum von Marsalforn. Shop, umfangreiches Kursangebot, Nitrox–Füllungen, Tauchen auch für Kinder, Behin-dertentauchen. Ausbildung: CMAS, Barakuda, PADI, SSI in Deutsch, Englisch, Spanisch und Fran-zösisch.

Scuba Kings

46A Triq Marina, Marsalforn Seafront, Marsalforn
Mobil: (00356) 99 230788
Email: gozodiveschool@hotmail.com
www.divemalta-gozo.com
Kleine Tauchbasis an der Promenade von Marsal-forn. Philosophie: kleine Gruppen, spezielle Arran-gements. Ausbildung: PADI, BSAC (CMAS).

St. Andrew's Divers Cove

St. Simon Street, Xlendi Bay, Gozo XLN 1302
Tel: (00356) 21 551301, Fax: 21 561548
Email: standrew@gozodive.com
www.gozodive.com
Die Basis liegt direkt an der Xlendi Bay. Tauchshop, Komplett-Angebote, Nitrox & Spezial-Kurse. Ausbildung: PADI, CMAS in Englisch, Italienisch, Französisch, Flämisch, Spanisch und Deutsch.

Utina Diving College

Rabat Road, Xlendi XLN 1101, Gozo, Malta
Tel&Fax: (00356) 21 550514, Mobil: 79 550514
Email: utina@gozomail.com
www.utina-diving.com
„Klein aber fein" ist das Motto dieser Basis. Ausbildung: PADI (Five Star Gold Palm IDC) in Englisch, technical diving (ITDA).

Die Preise der Tauchschulen weichen nicht wesentlich voneinander ab. Schon eher gibt es Unterschiede im Umfang des Angebots. Insbesondere wenn man deutschsprachige Betreuung oder Ausbildung nach VDST-Richtlinien wünscht. Die meisten Basen bieten Spezialkurse (z.B. Höhlentauchen, Meeresbiologie oder UW-Fotografie) an, manche auch besondere Arrangements. Kinderbetreuung ist leider für die meisten Tauchbasen ein Fremdwort. Aber man sollte sich nicht scheuen, seine speziellen Wünsche zu äußern.

Nicht überall sind die sparsamen „Selbsttaucher" beliebt. Und nicht jede Basis hat auch noch abends die Türen für Fragen und Flaschenfüllungen geöffnet. Da Freundlichkeit, Service und Stimmung maßgeblich zu einem gelungenen Urlaub beitragen, hört man sich am besten bei denen um, die schon einmal vor Ort waren. Als "Standort" sind Marsalforn oder Xlendi zu empfehlen. Beide Orte bieten neben mehreren Tauchbasen, Einkaufsmöglichkeiten und Restaurants, sowie ein angenehmes Flair. Die schönen Uferpromenaden der beiden Orte laden zum gemütlichem Tagesausklang am Meer ein: Urlaubsfeeling garantiert.

Schnorcheln

Viele Tauchplätze sind auch ohne Pressluftflasche ein Erlebnis. Mit der ABC-Ausrüstung, unbelastet von den schweren Ausrüstungsteilen, kann die Unterwasserwelt ebenfalls ausgezeichnet beobachtet werden. Die guten Sichtweiten machen es möglich. Zwar ist der Aktionsradius auf die Flachbereiche beschränkt, doch auch dort tummelt sich das Leben und es gibt exzellente Ausblicke. So müssen nicht tauchende Reisebegleiter nicht am Ufer warten, sondern können auf diese Weise die Unterwasserwelt entdecken und ihre tauchenden Kameraden beobachten.

Auch Schnorchler haben auf Gozo Spaß

Obwohl der Umgang mit einer ABC-Ausrüstung verhältnismäßig einfach ist, sei empfohlen, das Flossenschwimmen und Abtauchen schon zu Hause im Schwimmbad zu trainieren. Die elementaren Kenntnisse über Flossenschlag, Druckausgleich und das Ausblasen von Schnorchel und Maske sind Grundkenntnisse und sollten vor dem Sprung ins freie Wasser beherrscht werden. Ebenso ist ausreichende Fitness Voraussetzung für einen Ausflug ins wellige Meer. Ein Partner bietet zusätzliche Sicherheit und macht den Schnorchelausflug zu einem gemeinsamen Erlebnis. Bei der Beschreibung der Tauchplätze [-> Gozos Landtauchplätze] wird durch ein Symbol auf die Möglichkeit zum Schnorcheln hingewiesen. Achtung: wasserfesten Sonnenschutz nicht vergessen! Am besten zusätzlich ein T-Shirt tragen.

Hinweise

Weitere wichtige Hinweise

Zwar freut sich der Urlauber über den beständigen Sonnenschein, doch sollten die damit verbundenen Gefahren im Urlaubseifer nicht übersehen werden. Nicht nur der Sonnenbrand ist eine ständige Bedrohung. Besonders im Hochsommer sorgt Maltas Sonne obendrein dafür, dass es nicht nur warm, sondern richtig heiß wird. Auch ohne körperliche Anstrengung gerät man schnell ins Schwitzen. Stichwort: Dehydratation! Der Wasserverlust ist dann enorm und muss regelmäßig ausgeglichen werden. Also ausreichend trinken - bevor der Durst einsetzt! Geeignete Getränke sind u.a. Mineralwasser oder (verdünnter) Fruchtsaft. Wassermangel stört nicht nur erheblich die Kreislauffunktionen, sondern kann auch zu einer erhöhten Anfälligkeit für die Dekompressionskrankheit führen.

Bei starker Hitze ist zudem das Tragen der schweren Tauchausrüstung im Neoprenanzug, ggf. über längere Strecken, eine erhebliche Belastung für Körper und Kreislauf. Jeder möge Stress und Hektik vermeiden und auf sein Befinden und das der Tauchpartner (!) achten.

Das warme Wetter bringt einen schnell auf den Gedanken, den dicken Anzug gegen einen „Shorty" zu tauschen. Dabei sollte die Gefahr einer Unterkühlung, gerade im Frühsommer, wenn die Wassertemperatur noch unter 20 °C liegt, nicht unterschätzt werden. Bekanntlich ist der Wärmeverlust im Wasser wesentlich höher als an der Luft. Die typische Situation: Erst Schwitzen an Land - dann Frieren im Wasser. Die folgende Erkältung kann dann eine Tauchpause für die nächsten Tage bedeuten. Zumindest bis Ende Mai sei, besonders „Vieltauchern", ein warmer Tauchanzug mit Handschuhen empfohlen.

Und noch ein wichtiger Tipp: Wer im warmen Meer mit Schwimmbadflossen Tauchen oder Schnorcheln möchte, sollte sich für den Weg zum Wasser unbedingt (!) festes Schuhwerk mitnehmen.

Barfuss ist der Marsch zu den Einstiegen über scharfkantiges und heißes Gestein eine Tortur. Besser sind Füßlinge mit stabilen Sohlen und Freiwasserflossen. Weiterhin sind auch Knieschoner und alte Handschuhe zum Schutz von Neoprenanzug und Händen beim „Klettern" nützlich. Das soll aber selbstverständlich nicht dazu verleiten unter Wasser etwas anzufassen („Tauche wie Dein Schatten").

Bootfahren und Angeln sind beliebte Aktivitäten der Gozitaner. Bootsschrauben und Angelsehnen stellen somit eine allgegenwärtige Gefährdung für den Taucher dar. Besonders im freien Wasser besteht zudem die Gefahr, in ein Fischernetz zu geraten. Entsprechend vorsichtig sollte getaucht werden. Wer sich mit offenen Augen durch die Unterwasserwelt bewegt und dabei auf die unscheinbaren Angelschnüre Acht gibt sowie beim Auftauchen sich mit einem Rundumblick absichert, kann kritische Situationen vermeiden. Übrigens: den Tauchplatz mit einer Taucherflagge zu markieren, ist auf Malta Vorschrift. Diese Regel wird allerdings kaum befolgt. An Orten mit regem Bootsverkehr - insbesondere in den flachen Buchten - ist das Mitführen der Taucherboje dennoch angeraten.

Ein letzter praktischer Rat: Seile sind an Plätzen, von denen es per Sprung ins Wasser geht, sehr praktisch um empfindliche Ausrüstungsgegenstände (Lampen, Kamera u.ä.) abzuseilen. Auch kann ein dickeres Seil beim Ausstieg, besonders bei Wellengang, hilfreich sein (z.B. am Reqqa Point oder in Ta'Cenc, wenn dort die Leiter schon abgebaut wurde). Dazu wird es vorher so befestigt, dass man sich zum Aussteigen daran festhalten und aus dem Wasser ziehen kann. Auch zum Bergen von verunglückten Tauchern bietet sich ein Seil an (Rettungsschlinge). Gerade bei den oft steilen Ein- und Ausstiegen sind sonst Rettungsaktionen ziemlich kompliziert und - besonders bei bewegtem Wasser - mit hohem Verletzungsrisiko verbunden.

Gozos Landtauchplätze

Nachfolgend werden die 15 schönsten Tauchplätze, die von Land aus erreichbar sind, ausführlich beschrieben. Damit soll es möglich sein, die Tauchplätze auch ohne fremde Einweisung zu finden und sichere Tauchgänge durchzuführen. Darüber hinaus werden die jeweiligen Besonderheiten der Orte detailliert erläutert. Grundsätzlich können die Landtauchplätze auf drei Regionen aufgeteilt werden:

Nord-Gozo: Der Bereich um Xwieni Bay und Reqqa Point

Von Marsalforn aus wird die Küste Richtung Westen immer schroffer. Ähnlich sieht es unter Wasser aus. Während an der Xwieni Bay noch Sandgrund dominiert, werden die Wände zum Reqqa Point hin zunehmend steiler, die Einstiege umso schwieriger. Eine letzte Möglichkeit, zu Fuß (über ca. 100 Stufen) zum Wasser zu gelangen bietet sich im Ghasri Valley. Weiter westwärts sind die Steilklippen nur noch per Boot erreichbar. Insgesamt bietet dieses Revier mehrere ausgezeichnete Tauchspots, wenn nicht gerade der Wind aus Nord weht.

Gozos Nordküste bietet - wenn es nicht vom Norden weht - exzellente Tauchplätze

West-Gozo: Um den Dwejra Point herum

Die Landschaft ist hier geprägt durch imposante Steilwände, die einen Einstieg von Land unmöglich machen. Nur um den Bereich des Blue Hole ist das Ufer flacher, die Klippen nicht so steil, und es bestehen einige Möglichkeiten, ins Wasser zu gelangen. Einen gut geschützten Einstieg bietet der Inland Sea. Die schöne Landschaft der Westküste setzt sich unter Wasser entsprechend fort. Nicht umsonst werden diese Tauchplätze als die schönsten von Gozo (und Malta) bezeichnet.

Sud-Gozo: Von Xlendi bis Hondoq Bay

Während am Südwestzipfel der Insel die höchsten Klippen ins Meer steil abfallen, wird die Küste Richtung Osten immer flacher. Zwischen den anfangs noch recht schroffen Ufern ermöglichen einige Buchten (z.B. Xlendi und Mgarr Ix-Xini) einfachen Zugang zum Meer. Auch unter Wasser geht es „gemäßigter" zu. Dort sind häufiger flache mit Seegras bewachsene Gebiete zu finden. Größere Tiefen werden erst im Anschluss daran über den schräg abfallenden Grund erreicht. Obwohl einige Tauchplätze sehenswert sind, ist die Südküste eher

Gozos landschaftlicher Höhepunkt: Dwejra Point

zweite Wahl. Üblicherweise wird erst bei stärkeren Nord- oder Westwinden, wenn es an den exponierten Steilküsten zu wellig wird, dorthin ausgewichen. Die schönsten Plätze, und besonders der Einstieg zu den Wracks Xlendi, Karwela und Comino Land sind dann schnell mit Tauchern überfüllt.

An vielen Stellen ist mit einem Tauchgang längst nicht alles gesehen. So werden zumeist, neben Routen zu den üblichen Höhepunkten, Varianten dargestellt, die häufig nicht minder interessant sind. Daneben sind die Angaben oft nach unterschiedlichen Ansprüchen und Fähigkeiten gegliedert. Auch

Hinweise für Schnorchler fehlen nicht. Alle Tauchgangsvarianten sind selbstverständlich nur als Vorschlag zu sehen. Letztlich ist jeder selbst der Gestalter für seinen individuellen Tauchgang.

Um einen schnellen Überblick zu den allgemeinen Bedingungen am Tauchplatz zu geben, gehört zu jeder Beschreibung eine Symbolleiste, aus der das Niveau, die taucherischen Anforderungen und der Charakter des Platzes abzulesen sind. Die Zeichen - sie beziehen sich jeweils auf den „Haupttauchgang" - bedeuten (siehe Folgeseite):

unten: sanfte Südküste - über wie unter Wasser

Legende

Qualität des Tauchplatzes:

 Top, erste Klasse

 Besonders zu empfehlen

 Ganz gut

 naja

Eignung für Anfänger:

 gut, geringer Schwierigkeitsgrad

 bedingt, durchschnittlicher Schwierigkeitsgrad

 gering, hoher Schwierigkeitsgrad

Unterwasserlandschaft:

 Flach, viel Sandgrund, keine großen Tiefen

 Sachte Abfälle, größere Tiefen langsam erreichbar

 Steilwände, große Tiefen schnell erreichbar

Wetterabhängigkeit (von Windrichtung beeinflusst):

 Hoch: exponierter, wenig geschützter Ort, schon bei mäßigen Winden ist der Zugang beeinträchtigt

 Gering: geschützte Lage, einfache Einstiege auch bei Dünung möglich

Weitere Symbole:

 Höhlen oder Kamine, Lampe nicht vergessen

 besonders für Schnorchler empfehlenswert

 gut geeignet für Nachttauchgänge

Zeichenlegende für die Übersichtskarten:

 Anfahrtstrecke

 Platz zum Parken

 Picknickstelle/ Pausenplatz

 Telefonzelle (Karte!)

 Imbiss

 Restaurant

 Öffentliche Toiletten

 Beliebter Angelplatz

 Ankerplatz, Bootsverkehr

 Schöner Badeplatz

 Geeignete Einstiegsstelle

 Alternative

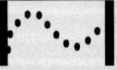 Empfohlene Tauchstrecke

 Unbefestigte Straßen

 Fußwege

1. Xwieni Bay
[schwi-nie-baih]

Kleine, malerische Bucht, rund zwei Kilometer westlich von Marsalforn. Langsam abfallender Sandgrund - erst weit draußen zunehmend tiefer - mit Senken und Rinnen, Seegraswiesen und Felsen. Einfacher, flacher Einstieg der auch bei schlechtem Wetter (außer starkem Nordwind) möglich ist, ideal für Übungen und Nachttauchgänge. Daneben als Ein- und Ausstieg für einen Tauchgang zum Double Arch oder Calypso Tunnel geeignet.

Sicherheit
Der Tauchplatz ist an sich unproblematisch. Dies verleitet unter Umständen dazu, die Orientierung zu vernachlässigen, so dass beim Rückweg der Eingang in die Bucht verpasst wird. Nur dort kann wieder aus dem Wasser gestiegen werden. Nach Westen hin sind die Ufer zu steil für einen Ausstieg und nach Osten liegt ein flaches Riff mit scharfkantigen Felsen. Dort aus dem Wasser zu klettern, ist schon

Die malerische Xwieni Bay mit Salt pans und Kalkkegel

Anfahrt und Einstiege
Die Anreise erfolgt von Victoria über die Hauptstraße durch das Marsalforn Valley zum gleichnamigen Badeort. Im Ort hält man sich links und gelangt zunächst zur Qbajjar Bay. Diese rechts liegen lassen und den kleinen Ortskern durchqueren. Gleich darauf wird die Xwieni Bay erreicht. Parallel zur Straße kann geparkt werden. Die Bucht bietet mehrere Einstiege über das flache Ufer an. Am besten eignet sich die Bootsrampe, am hinteren Ende der Bucht (Vorsicht, dort ist es sehr rutschig!).

bei leichtem Wellengang gefährlich. Auf gelegentlichen Bootsverkehr ist zu achten!

Tauchgang
Der Einstieg in der Bucht über den Kiesstrand, oder besser über die Bootsrampe, ist einfach. Der Sandboden fällt zum offenen Meer langsam ab. Anfangs liegt der Grund auf zwei bis drei Meter. Schnell wird aber eine Rinne erreicht, in der man auf cirka fünf Meter Tiefe ins Freiwasser hinaus tauchen kann. Weitere Einschnitte durchziehen den Boden und bieten interessante Eindrücke. Zwischen einzelnen

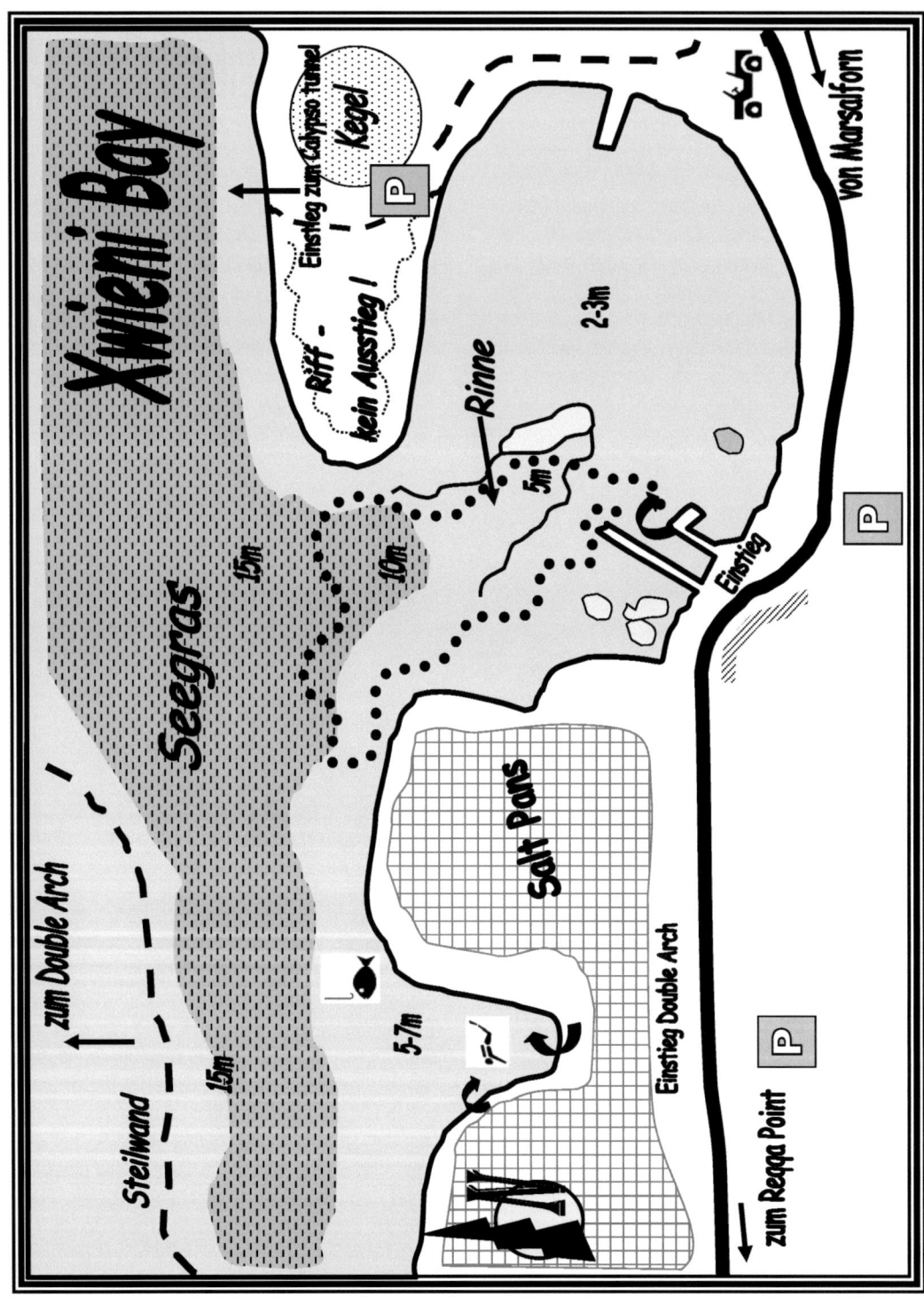

Felsbrocken sind wiederholt Sand- und Geröllflächen zu finden. Linkes wie rechtes Ufer sind felsig. Das östliche Ufer schließt knapp über dem Wasserspiegel ab. Neben Sandflächen bilden Seegraswiesen den typischen Untergrund.

Ein schöner und gemütlicher Tauchgang verläuft zum Beispiel beginnend mit dem Hinaustauchen durch die Rinne und über den Sandgrund (Nordkurs) bis auf zehn Meter Tiefe. Dann hält man sich in westlicher Richtung. Bei „halber Flasche" wird mit Südkurs zum Ufer zurückgetaucht. An diesem entlang geht es zurück zum Einstieg.

Hält man sich am Buchtausgang weiter auf Kurs „Nord", wird eine Abbruchkante erreicht. Dieser Richtung Westen folgend, gelangt man zum Double Arch. Schneller erreicht man den Doppelbogen über den direkten Einstieg [-> Double Arch]. Nach Osten ist an dieser Kante ebenfalls ein reizvoller Spot zu finden: der Calypso Tunnel, eine eingestürzte Höhle mit mehreren Bögen und Durchbrüchen. Auf kürzesten Weg wird der Platz über den Einstieg direkt vor dem Kalkkegel erreicht. Dort ist es anfangs sehr flach und wenn es wellig ist ziemlich unangenehm. Ist dieser Bereich aber bewältigt entlohnen die vielen kleinen ausgespülten Löcher und Canyons im Bereich von 2-5 m die Mühe. Nach Norden erreicht man über große Seegrasflächen schließlich die Steilwand. Wird diese hinabgetaucht, ist der Calypso Tunnel auf circa 25 m Tiefe zu finden. Wurde der Nordkurs sauber eingehalten, müsste man zum Erreichen dieser Stelle noch etwas nach Osten tauchen. Der „Tunnel" lässt sich auch vom flacheren Plateau aus erkunden. Der eingestürzte Höhlenbereich ist kaum zu übersehen.

Après diving
Für einen Verpflegungsstopp nach den Tauchgängen auf dieser „Ecke" bietet sich die Qbajjar Bay an. Hier gibt es mehrere Restaurants, um Durst und Hunger zu stillen - Sonnenschirme und Meerblick inklusive.

2. Double Arch Reef
(Twin arches)

Nachdem eine Seegraswiese überquert wurde, gelangt man im 35 Meter tiefen Wasser zu einer eindrucksvollen Felsformation. Eine doppelt durchbrochene Wand gab diesem Tauchplatz seinen Namen. Beste Sichtweiten, Fischreichtum und die vielfältige Felslandschaft machen diesen Ort zu einem Höhepunkt.

Anfahrt und Einstiege
Der Einstieg liegt zwei Kilometer nordwestlich von Marsalforn und die Anfahrt erfolgt wie zur Xwieni Bay. Man fährt dann an der Bucht vorbei und parkt nach circa 100 Metern am linken Straßenrand. Rechts liegen auffällige, in den Felsen gehauene Becken (Salt Pans), die zum Teil noch heute der Salzgewinnung dienen. Vor diesen Becken befindet sich eine kleine Einbuchtung in der Steilküste. Hier geht es entweder über einige (rutschige) Absätze oder per Sprung ins Wasser.

Sicherheit
Der Einstieg erfordert ruhiges Wasser, sonst bekommt man spätestens beim Ausstieg ein Problem. Bei Wellengang ist der Sprung ins Wasser, dem Abstieg über die glitschigen Absätze vorzuziehen und für den Ausstieg der - etwas längere - Weg zur Xwieni Bay angeraten. Möchte man jedoch an dieser Stelle auch wieder aussteigen, sollte man gut auf die Orientierung achten. Ein Blick zurück beim Beginn des Tauchganges erleichtert später das Wiederfinden. Die recht lange Strecke zum Double Arch erfordert Kondition und sorgfältige Luftplanung!

Tauchgang
Nach dem Einstieg geht es mit exaktem Nordkurs Richtung Sizilien. Der mit Seegraswiesen bedeckte Grund fällt allmählich ab. Nach rund zehn Minuten wird die Abbruchkante auf circa 15 Meter Tiefe

Double Arch Reef

Der Einstieg zum Double Arch (Lage in etwas unter dem Boot) liegt in dieser kleinen Bucht

erreicht. Vor der Wand ist es gut 30 Meter tief. Um Luft zu sparen, sollte man auf der bisherigen Wassertiefe bleiben und geradeaus, direkt zum Ziel, tauchen, das sich bei normaler Sicht in der Ferne als Schatten abzeichnet. Wem dies nicht behagt, kann auch den längeren Weg nach rechts - entlang des Steilabfalls - wählen. Dieser führt bogenförmig zum Ziel: Eine freistehende, von Fischschwärmen umgebene, Wand die um- und durchtaucht werden kann.

Die zwei übereinander liegenden Durchlässe des Double Arch ermöglichen dabei den direkten Weg von der Innen- zur Außenseite. Die Oberkante der Wand liegt auf rund 15 Meter, der Grund auf 35 Meter. Durch das obere Fenster taucht man in gut 20 Meter Wassertiefe. Die schönen Steilwände und einzelne Felsbrocken lassen einen leicht der Rückweg vergessen, für den noch ausreichend Luft eingeplant werden sollte. Zurück geht es mit Südkurs über felsigen Grund (Tiefe nach Restluft) zum Einstieg oder zur Xwieni Bay. In diesem Fall sollte - von der Wand aus - gleich ein südöstlicher Kurs eingeschlagen werden, bis auch dort die Küstenlinie erreicht wird, der man in die Bucht hinein folgt.

Varianten (auch für weniger Erfahrene):
Der Einstieg eignet sich auch für flachere bzw. kürzere Tauchgänge. Wer auf den Besuch des Double Arch verzichten möchte, wendet sich vom Einstieg aus in westliche Richtung. Dort sind auf dem Plateau Seegraswiesen und viele kleine Canyons und Kuhlen (sehr hübsch!) zu finden. Der Nordkurs führt überall zur Abbruchkante. Die Steilwand kann dann auf beliebiger Tiefe betaucht werden. Das Plateau wird in westliche Richtung immer schmaler. Schließlich fällt dieser Absatz ganz weg und es geht unmittelbar steil hinab. Die sehr schöne Steilwand sollte - Tiefe nach Wahl - unbedingt in den Tauchgang einbezogen werden. Der Rückweg führt übers „Flachwasser" zum Einstieg.

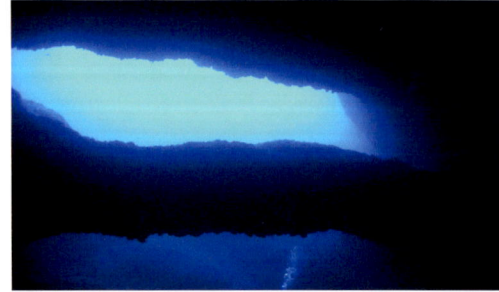

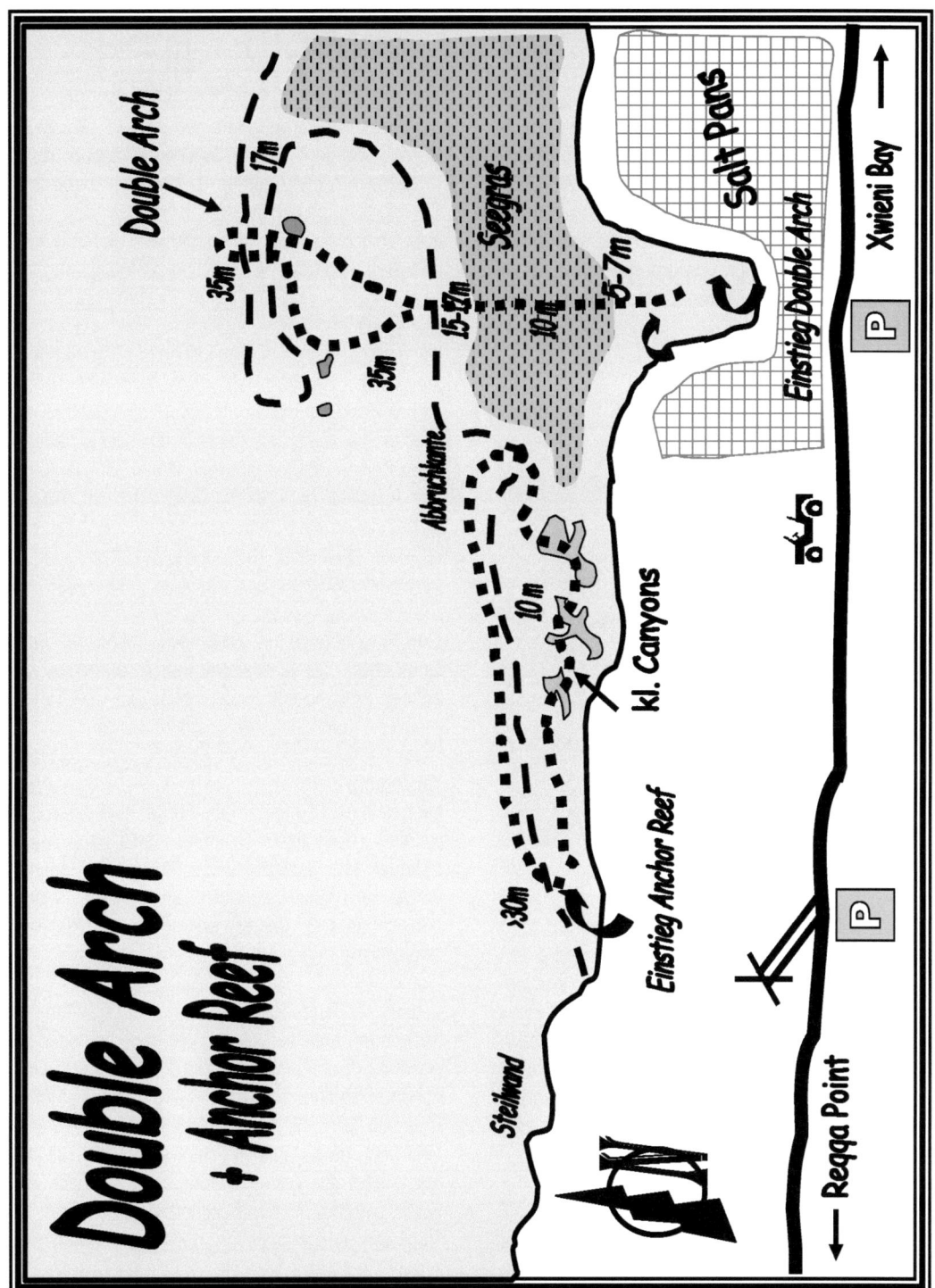

Double Arch + Anchor Reef

Double Arch

Salt Pans

Seegras

Einstieg Double Arch

Xwieni Bay

P

Abbruchkante

kl. Canyons

Einstieg Anchor Reef

Steilwand

Reqqa Point

P

17m

35m

35m

15-17m

10m

5-7m

10 m

>30m

N

25

3. Anchor Reef

Benannt nach einem alten Anker - den es dort mittlerweile nicht mehr gibt - liegt dieser Einstieg zwischen Xwieni Bay und Reqqa Point. Zur einen Seite erstreckt sich eine Steilwand und zur anderen ein flaches Plateau mit Seegraswiesen und sehr schönen Mini-Canyons. Auch von dort gelangt man mit Nordkurs an den sehr fischreichen Steilhang.

Einstieg zum Anchor Reef möglich

Anfahrt und Einstiege
Die Anfahrt erfolgt wie bei Tauchplatz 1 und 2 von Victoria über Marsalforn entlang der Küste zur Xwieni Bay. Dann weiter der Straße, an den Salt Pans vorbei, folgen. Nach circa 500 Metern zweigt nach rechts ein sehr steiler Weg ab, der - wenn überhaupt - nur mit geländegängigen Fahrzeugen, befahrbar ist. Einfacher ist das Parken an der Straße. Der Weg zum Wasser ist von dort nicht weit.

Der Einstieg liegt unterhalb der Abfahrt. Hier fällt ausnahmsweise ein kleines Stück des Ufers nicht senkrecht ab, sondern bildet eine begehbare Schrä-ge, die in Wasserhöhe in einen kleinen, glitschigen Absatz übergeht. In den Felsen gehauene Stufen erleichtern den Abstieg. Mit einem beherzten Sprung gelangt man ins Wasser. Der Einstieg ist nur bei wenig Wellengang zu empfehlen. Alternativ steht eine Betonplattform in der Nähe zur Wahl.

Sicherheit
Die größten Risikofaktoren stellen das Ein- und Aussteigen dar. Wer den Halt verliert, wird insbesondere bei stärkerer Brandung leicht zum Spielball der Wellen, die einen unangenehm über die scharfkantigen Felsen „spülen" können. Dabei ist, wie so oft, der Ausstieg der gefährlichere Part. Im Wasser selbst stellen die herrenlosen Angelleinen - die entlang der gesamten Küstenlinie anzutreffen sind - eine weitere Gefährdung dar. Also: Augen auf!

Der Flachbereich ist ansonsten unkritisch. Beim Betauchen der Steilwand sollte, aufgrund der schnell erreichbaren Tiefen, stets auf den Tiefenmesser / Tauchcomputer geachtet werden.

Tauchgang
Hier stellt sich zu Beginn die Frage: nach links oder rechts? In westlicher Richtung - also nach links - befindet sich ausschließlich Steilwand. Üblicherweise wird diese zunächst im tieferen Wasser (Grund circa 30 Meter) erkundet. Der Rückweg erfolgt dann in geringerer Tiefe.

In östlicher Richtung besteht die Wahl zwischen „nur flach" oder „auch tief". „Nur flach" bedeutet, dass der gesamte Tauchgang auf dem Plateau mit seinen schönen Strukturen stattfindet und dabei die Tiefenlinie von 10 - 15 Metern nicht überschritten wird. Wer auch etwas tiefer möchte, sollte vom Einstieg aus zuerst die Wand hinabtauchen, die sich ostwärts allmählich vom Festland entfernt. Für den Rückweg steigt man an der Senkrechten auf, erreicht auf circa 15 Meter Tiefe den Absatz, und taucht auf diesem zurück. Beim Tauchen entlang der Steilwand stößt man nach einiger Zeit auf eine „Nase", an der die Wand für ein kurzes Stück Richtung Norden abknickt. Hält man sich hier landein-

wärts gelangt man durch eine kleine ansteigende Schlucht zum Flachbereich. Der Tauchgang kann dann gemütlich zwischen Seegraswiesen und Mulden ausklingen.

4. Reqqa Point
[reggah-peunt]

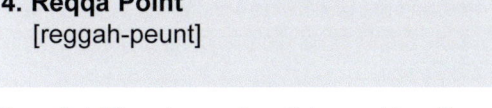
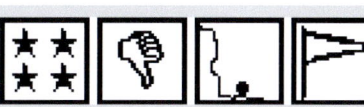

Circa drei Kilometer nordwestlich von Marsalforn liegt die nördlichste Landspitze Gozos, die sich unter Wasser weiter fortsetzt. Steilabfälle, Überhänge, kleine Höhlen und Kamine kennzeichnen diesen wunderschönen und mit Fischreichtum gesegneten Tauchplatz. Im Nordwesten erstreckt sich ein Unterwasserriff, das in verschiedenen Tiefen umtaucht werden kann.

Ins Wasser gelangt man von der flach auslaufenden Landspitze per Sprung Richtung Osten. Am besten eignet sich hierfür eine kleine, etwas übers Wasser ragende Felsnase. Gleich daneben liegt der einfachste Ausstieg in Form einer kleinen Rinne. Der Tipp von Tauchkollegen, sich den Ausstieg mit einem starken Seil (zum Herausklettern) bequemer zu gestalten, soll hier weitergegeben werden.

Reqqa Point - Gozos nördlichste Landspitze bietet für Taucher einiges

Anfahrt und Einstiege
Die Anfahrt erfolgt wie unter Tauchplatz 1 - 3 beschrieben. Hinter der Abfahrt zum Anchor Reef zweigt nach circa 300 Metern ein weiterer - nicht ganz so steiler - Weg ab. Diesen geht es hinunter (Vorsicht Bodenwellen!) bis man nach weiteren 200 Metern den Einstieg erreicht. Dort ist ausreichend Platz zum Parken vorhanden.

Besonders ist das bei Wellengang zu empfehlen. Die Flossen zieht man dabei besser aus. Bei sehr ruhigem Wasser kann auch auf der Westseite über eine Art Bassin ein- und ausgestiegen werden. Immer mal wieder wird versucht, an diesem Platz eine Leiter zu montieren. Doch bislang wurde diese über kurz oder lang Opfer der heftigen Wellen, so dass sie meist nicht an Land sondern auf dem Meeresgrund zu finden ist.

Reqqa Point

Sicherheit

Der Tauchplatz ist nur Fortgeschrittenen zu empfehlen. Auch leichte Brandung macht den Ein- und Ausstieg knifflig. Also: das Wetter beachten! Schon während eines Tauchganges kann sich die Brandung so verstärken, dass der Ausstieg schwierig wird. Gleich unter dem westlichen Einstieg fällt die Steilwand auf circa 20 Meter ab. Vorne am Riff sind Tauchtiefen über 40 Meter schnell erreicht (Tiefenmesser beachten!). Da der Ausstieg meist nur an der anfangs beschriebenen Stelle möglich ist, sollte auf die Orientierung geachtet werden, um langes Schnorcheln im Freiwasser zu vermeiden. Eine Rettung ist, wie an allen Tauchplätzen mit steilen Einstiegen, kompliziert. Vorsicht beim Ein- und Ausstieg: Überhänge (Stoßgefahr!) und ins Wasser springende Taucher beachten!

Tauchgang

Mit einem Sprung aus circa einem Meter Höhe befindet man sich sofort im tiefen Wasser. Von dort gibt es mehrere Tauchvarianten:

A) Tauchgang zum Riff: Wird in circa 15 Meter Tiefe mit der Felswand linker Hand getaucht, erreicht man unweigerlich das Riff. Zwischen Landspitze und diesem gibt es noch einen Einschnitt, der links liegen gelassen wird. Man taucht geradeaus, d.h. in nordwestliche Richtung weiter. Das Riff ist nicht zu verfehlen. Es kann nun um- und übertaucht werden.

Zum Festland hin erstreckt sich eine Senke, in der große Felsbrocken liegen. Die Oberseite des Riffes (Tiefe um 15 Meter) lädt zu einer kurzen Rast ein. Dabei wird man von Scharen an Fischen umschwärmt und kann den Ausblick in die endlosen Tiefen genießen. Vorsicht, dem Blick sollte nicht zu weit gefolgt werden, da der Grund Richtung Norden immer weiter abfällt! Dennoch ist ein kurzer Abstieg – auf maximal 40 m – empfehlenswert um das von Fischen umschärmte Riff einmal im Gegenlicht bestaunen zu können. Nach der Umrundung der Felsnase kann in circa zehn Metern Tiefe zurückgetaucht werden.

Die Wände der Landspitze, die auf dem Rückweg nun rechter Hand liegen, stellen sich auch in wenigen Metern Wassertiefe sehr reizvoll dar. Bunt bewachsene Überhänge machen das Austauchen zum Vergnügen. Besonders unterhalb des Einstieges sind die Überhänge sehr schön. Aber Vorsicht: Leicht drückt einen die Brandung gegen oder unter die Felsen.

B) Anstatt das Riff zu umtauchen, kann auch direkt um die Landspitze, also durch den Einschnitt, getaucht werden. Man kann damit die größeren Wassertiefen vermeiden. Schöne Felsformationen in maximal 20 Meter Wassertiefe machen auch diesen Tauchgang attraktiv. Bei guter Luftplanung kann nun auch die sich nach Südwesten anschließende Wand erreicht werden. Ist bei ruhigem Wetter der Ausstieg an der Westseite der Landspitze möglich (vorher ankucken!), bleibt mehr Zeit den Tauchgang weiter in westliche Richtung auszudehnen. Der Grund unterhalb der Steilwand wird in diese Richtung allmählich tiefer. Eignet sich nur der östliche Ausstieg, wie er unter A) beschrieben ist, sollte nicht zu weit getaucht werden, damit die Luft auch noch für den Rückweg ausreicht.

C) Als weitere Variante wendet man sich nach dem Sprung ins Wasser in östliche Richtung. Hier gibt es Steilwand pur. Sie fällt auf 25 bis 30 Meter ab. Man hält sich nach rechts und behält die Wand immer auf dieser Seite. Schon nach kurzer Strecke stößt man in 15 bis 20 Metern Tiefe auf kleine Höhlen, die sich kaminartig nach oben erstrecken. Ein Durchtauchen mit Ausstieg auf rund zehn Metern ist möglich. Da es im Kamin sehr eng wird, ist dies nur erfahrenen Tauchern zu empfehlen, die auch in der Lage sind, solche schwierigen Passagen ohne Beeinträchtigung der Vegetation durchzuführen. Ansonsten sollte der Blick ins Innere ausreichen. Der Rückweg führt der Wand im flacheren Wasser folgend zurück zum Einstieg.

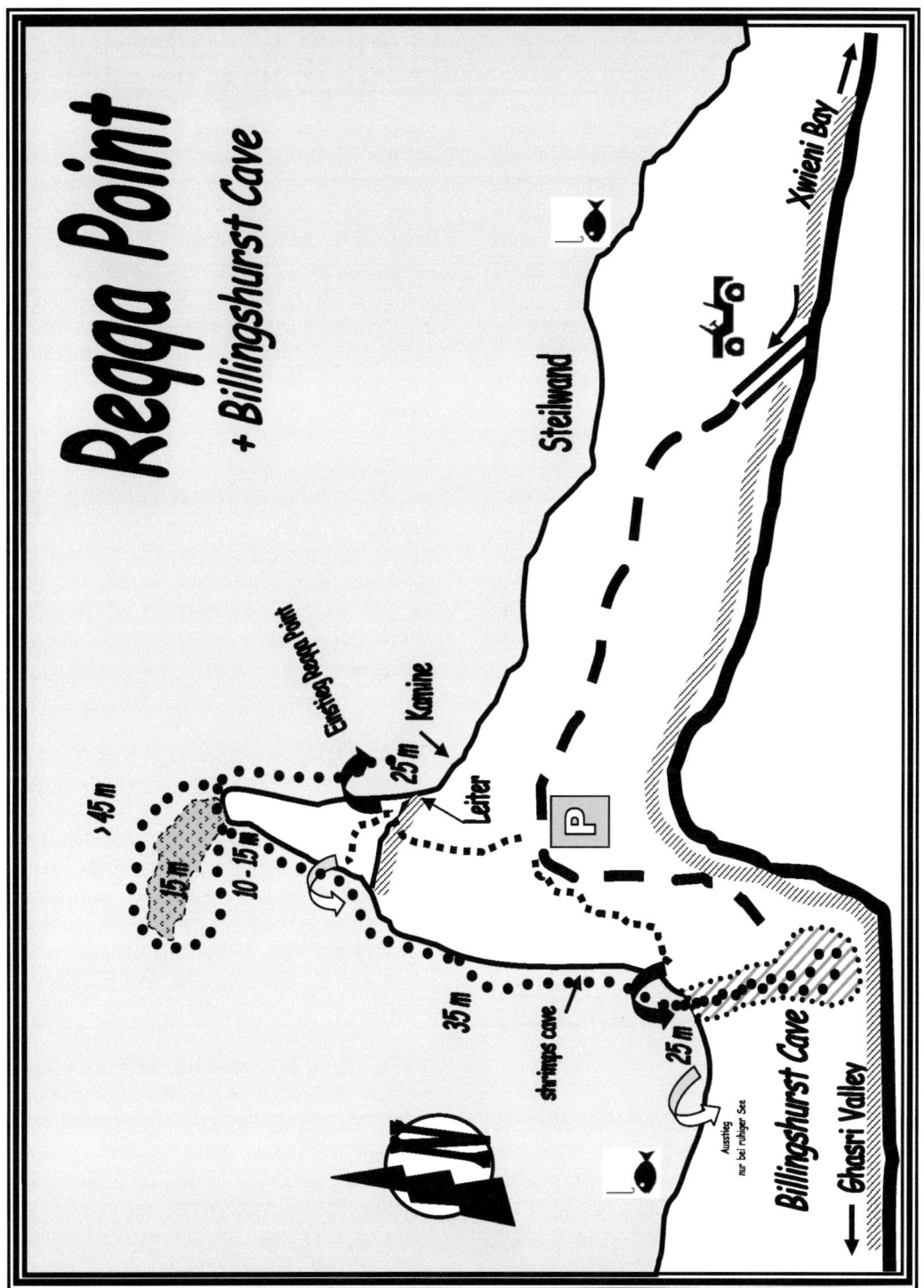

Reqqa Point
+ Billingshurst Cave

Xwieni Bay

Steilwand

Einstieg Reqqa Point
Kamine
25 m
Leiter

>45 m

15 m

10 - 15 m

35 m

shrimps cave

P

25 m

Ausstieg
nur bei ruhiger See

Billingshurst Cave

Ghasri Valley

N

29

5. Billingshurst Cave

Riesige Unterwasserhöhle am Reqqa Point, die verhältnismäßig einfach zu betauchen ist. Der Blick aus der Höhle ins Freiwasser bietet ein wunderschönes Lichtspiel. Die geräumige Höhle führt circa 50 Meter in den Fels hinein und ist am Grund maximal 30 Meter tief. Im hinteren Gewölbe kann aufgetaucht werden.

Anfahrt und Einstiege

Anfahrt und Parken erfolgt wie zum Reqqa Point, an dem auch eingestiegen werden kann. Besser ist aber ein Sprung vom Felsufer direkt oberhalb der Höhle aus etwa zwei Metern Höhe. Hierbei kann erheblich Strecke (und Luft) eingespart werden. Zum Aussteigen gibt es als Alternative zum Reqqa Point (-> Tauchplatz 4, Variante A) noch eine kleine Felsnase links von Einstieg (vom Wasser aus rechts), an der hinausgeklettert werden kann. Dies ist allerdings nicht ganz einfach und sollte vorab erkundet werden.

In Höhlen häufig: Zylinderrosen

Sicherheit

Obwohl die Höhle recht einfach zu betauchen ist, sollten die allgemeinen Regeln zum Höhlentauchen beachtet werden. Lampen für alle Gruppenmitglieder sind Voraussetzung. Eine Seilsicherung ist ratsam, da nicht auszuschließen ist, dass durch aufgewirbeltes Sediment die Orientierung verloren geht.

Immer mal wieder werden in der Höhle von Tauchschulen Markierungsleinen gespannt, die eine Orientierung erleichtern. Doch verschwinden diese in der Regel schnell und man kann sich nicht auf deren Vorhandensein verlassen. (Ggf. nachfragen, ob es gerade welche gibt!) Innerhalb der Höhle können Tiefen von 30 Metern erreicht werden, was bei einem Aufstieg zur Oberfläche im hinteren Teil berücksichtigt werden muss (man bedenke mögliche Dekostops und Schwierigkeiten beim Druckausgleich).

Der Tauchgang erfordert gute Planung und Kondition, da zumindest der Rückweg sehr lang ist. Zu beachten sind auch die ungünstigen Randbedingungen bei einem Notfall. Und, nicht nur der Sicherheit wegen: auch nachfolgende Taucher sind dankbar, wenn durch saubere Tarierung und vorsichtigen Flossenschlag jegliche Sedimentaufwirbelung vermieden wird.

Tauchgang

Der Höhleneingang liegt genau in der Biegung der Küstenlinie im Westen der Landspitze. Die riesige Öffnung ist nicht zu verfehlen. Sie beginnt in rund zehn Meter Wassertiefe und reicht bis zum Grund bei 25 Metern. Wählt man den Sprung ins Wasser, liegt einem die Höhle sozusagen vor den Flossen. Nun kann ins Dunkle hineingetaucht werden. Blicke zurück dienen nicht nur der Orientierung, sondern bieten auch ein einmaliges Farbspiel (Blau in allen Tönen).

Der Tauchgang führt weiter wie durch einen überdimensionalen Tunnel. Hier ist der Grund flach und sandig. Nach kurzer Strecke stößt man auf Felsen, die langsam ansteigen. Über diese Brocken hinweg taucht man geradeaus weiter bis in das hintere Gewölbe. Jetzt auftauchen und oben einfach mal die Lampe ausknipsen. Ein aufregendes Gefühl! Es ist stockdunkel und völlig still. Bei Beleuchtung mit

der Tauchlampe ist die Kuppel rund fünf Meter über einem zu erkennen. Die Wände scheinen sich ins Endlose zu erstrecken. Von diesen Eindrücken erfüllt, geht es denselben Weg zurück - dem Licht entgegen. Dabei unbedingt die schön bewachsenen Seitenwände und die Decke am Ausgang beachten.

Je nach Luftvorrat, kann die Strecke vom Höhlenausgang zum Ausstieg am Reqqa Point getaucht und / oder geschnorchelt werden. Man benötigt hierfür gut 20 Minuten. Die Steilwand, die man immer rechter Hand hat, ist es allerdings Wert, ausführlich betaucht zu werden. Im ersten Drittel des Weges befindet sich am Grund in circa 30 Meter Tiefe ein Eingang zur Shrimps Cave, einer kleinen Höhle, die sich im Fels noch etwas erweitert. Immer an der Wand entlang, gelangt man schließlich, wie unter Tauchplatz 4 beschrieben, zum Ausstieg.

Variante 1: Das ausgiebige Betauchen der Steilwand mit der kleinen Höhle nimmt einen eigenen Tauchgang ein. Einstieg per Sprung bei der Billingshurst Cave und von dort geht es zum Ausstieg am Reqqa Point.

Variante 2: Nimmersatte können auch noch die vom Höhlenausgang nach Westen verlaufende Küstenlinie erforschen. Steht ein Fahrer zur Verfügung, kann dieser Tauchgang auch im Ghasri Valley beendet werden. Die Entfernung dorthin beträgt rd. 900 Meter. Nach zwei Dritteln des Weges passiert man den Eingang zum Blue Dome [-> Tauchplatz 6].

Après diving
Die schöne Lage am Reqqa Point lädt zu einem Picknick vor Ort ein. Alternativ kann auf dem Rückweg nach Marsalforn in der Qbajjar Bay eine Pause eingelegt werden.

6. Ghasri Valley mit Kathedrale
(Blue Dome) [asch-rie-wellieh]

Gut 250 Meter wird am Grund eines sacht abfallenden Canyons Richtung offenes Meer getaucht. Am östlichen Ufer ist dort der Eingang zu einer Höhle zu finden. Wie in einem „Startrek-Film" schwebt man in die Kuppel hinein, deren Decke weit über dem Wasserspiegel liegt. Phantastische Farbspiele, besonders nachmittags, wenn direktes Sonnenlicht in die „Kathedrale" einfällt, entschädigen für alle Mühen, die der Abstieg über hundert Treppen ins Tal gekostet hat.

Sicherheit
Im Allgemeinen ist ein Tauchgang im Ghasri Valley problemlos. Das Hineintauchen in die Kathedrale ist auch für Anfänger möglich. Da die Kuppel nur unter Wasser verlassen werden kann, muss hierfür Luft reserviert werden sowie der Druckausgleich einwandfrei funktionieren. Gefährlicher ist schon eher der Abstieg über die Treppe, da diese rutschig und eng ist. Empfehlung: mit Gepäck lieber zweimal gehen.

Anfahrt und Einstiege
Man erreicht den Canyon über die Straße von Marsalforn zum Reqqa Point, nur fährt man nicht zur Spitze hinunter, sondern folgt der „Hauptstraße". Führt diese im weiteren Verlauf dann landeinwärts, muss man am nächsten Feldweg nach rechts abbiegen. An einer Gabelung wieder links halten und dem Holperweg bis zu seinem Ende folgen. Dort ist eine kleine Fläche zum Parken, direkt vor der Schlucht. Ein steiler Treppenweg führt hinab. Unten am Kiesstrand geht es ins Wasser.

Tauchgang
Der Steinstrand ist ein einfacher Einstieg. Getaucht wird dem Verlauf des Canyons folgend in Richtung Meer. Der Boden ist mit Felsen bedeckt und dort, wie an den - teils unterhöhlten - Seitenwänden, ist schöner Bewuchs zu finden. Auch ein paar Seeanemonen sind zwischen den Steinen zu finden. Eine auf Gozo sonst seltene Entdeckung. Der Höhepunkt des Tauchganges ist aber die „Kathedrale" (Blue Dome), zu der man wie folgt gelangt:

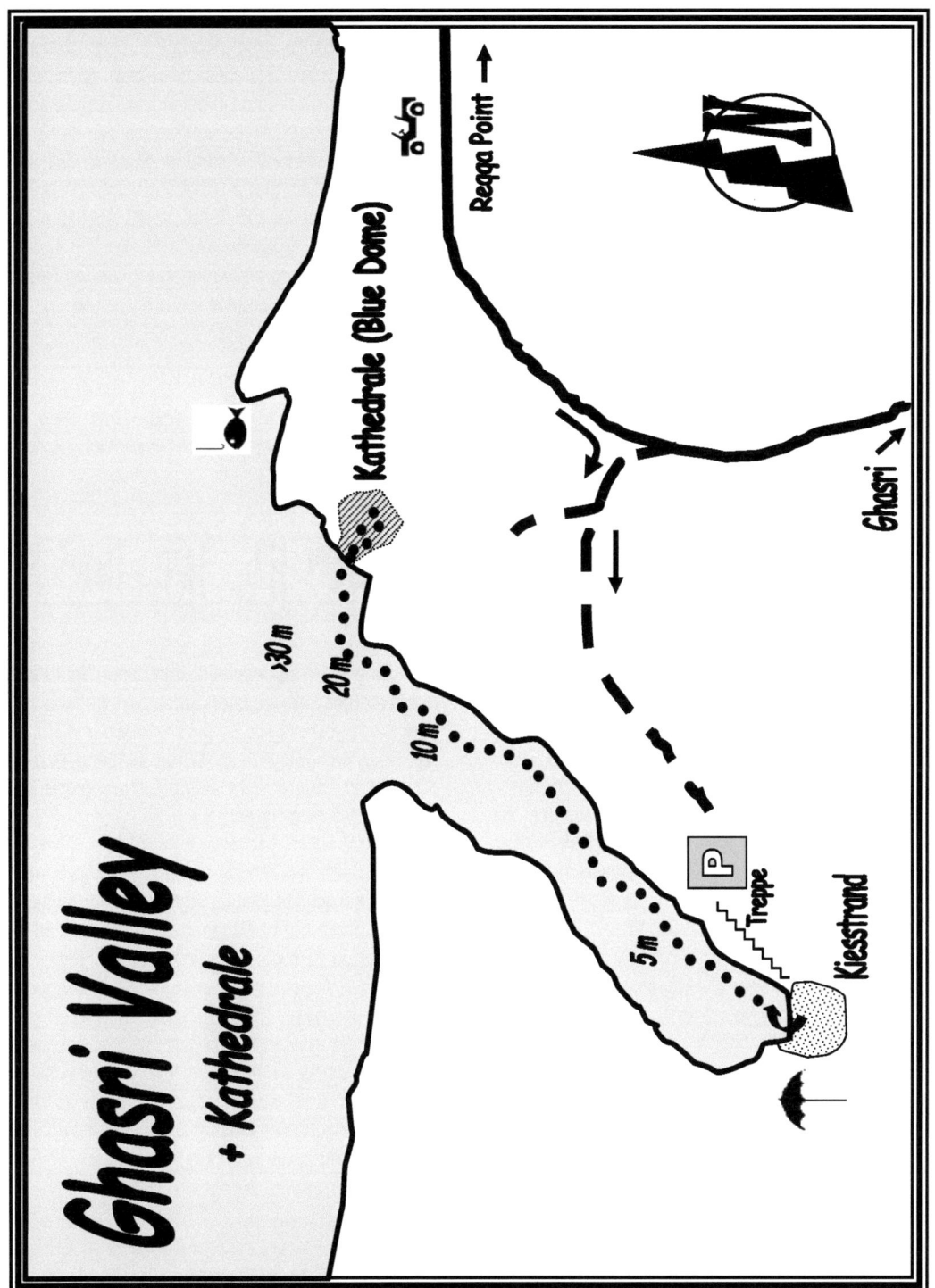

Inland Sea

Dort wo der Canyon sich immer weiter öffnet, wird der bislang flache und mit Felsen bedeckte Grund immer steiler. Man sollte nun nicht zu tief tauchen und immer Kontakt zur rechten Wand halten. Schließlich passiert man eine größere Steilwand und findet nach einer Rechtsbiegung den Eingang zur Kathedrale. Er wird aus einer großen Öffnung in der Felswand gebildet, deren Oberkante auf gut fünf Meter Tiefe liegt. Die Unterseite erstreckt sich bis auf den Grund in circa 15 Metern. Der Höhlenboden besteht aus großen Felsen und steigt langsam an. Nach dem Auftauchen im Inneren der Kuppel erwartet einen ein wunderbares Lichtschauspiel. Gestört werden kann dieses Erlebnis lediglich durch geschwätzige Taucher, welche die erhebende Stimmung aus Licht und Brandungsrauschen leicht ruinieren können.

Nach dem Besuch der „Kathedrale" lohnt es sich, noch einige Blicke auf die schönen Felsformationen am Ausgang des Canyons zu werfen. Man sollte dabei nicht zu weit nach Westen tauchen, da sonst der Eingang zum Canyon verfehlt werden kann. Ins freie Wasser hinaus (Richtung Norden) fällt der Grund schnell in große Tiefen ab. Der Rückweg durch die Schlucht mit ihrem sacht ansteigenden Grund, ist eine ideale Austauchstrecke. Ein kleines Manko: bei stärkerem Wellengang und nach Regen kann die Sicht getrübt sein.

Après diving

Die Bucht bietet sich hervorragend für ein mitgebrachtes Picknick an. Frisch gestärkt ist dann der Aufstieg mit Tauchgepäck auch wesentlich leichter.

7. Inland Sea

Von einem kleinen - in seiner Art einmaligen - See im Landesinneren kann durch einen 100 Meter langen Tunnel ins freie Meer hinaus getaucht werden. Aus dem anfangs grünlich-trüben Wasser des Sees taucht man in die Dunkelheit hinein, an deren Ende sich allmählich ein tiefblauer Horizont abzeichnet. Das Durchtauchen der Schlucht wird dadurch zu einem einzigartigen Farbspiel. Im Freiwasser erstrecken sich zu beiden Seiten Steilwände, die in große Tiefen abfallen.

Anfahrt und Einstiege

Die Anfahrt erfolgt über die Hauptstraße von Victoria Richtung Westen bis San Lawrenz. Dort biegt man gleich links ab und folgt der Ausschilderung Dwejra Point/ Azure Window. Die Straße endet auf einem Platz, von dem nach rechts ein kleiner Weg zum Inland Sea führt. In der Bucht ist (nur wenig) Platz zum Parken. Der Einstieg erfolgt problemlos am Ufer des Sees über den Kieselstrand oder die Bootsrampen. Vorsicht: Diese sind sehr rutschig!

Sicherheit

Zwei Dinge sind zu beachten: Zum einen der stetige Bootsverkehr, der Touristen durch den Kanal schippert. Also: Vorsicht vor Bootsschrauben und Rümpfen. Dazu hält man sich im flachen Eingangsbereich des Kanals immer dicht an der linken Wand und taucht im Kanal nicht auf.

Zum anderen die Situation, dass man sich nach dem Passieren des Kanals im freien Meer befindet, wo häufig starker Wellengang herrscht und an 50 Meter hohen Felswänden kein Ausstieg möglich ist. Somit im Freiwasser immer auf Orientierung und Luftreserve achten. Sollte doch ein Aufstieg im offenem Wasser notwendig werden, dann ausreichend Abstand zur Felswand halten. Das Zurückschwimmen durch den Kanal ist zwar möglich, doch machen bei ruhigem Wasser der Bootsverkehr, bei windigem Wetter die Brandung Probleme.

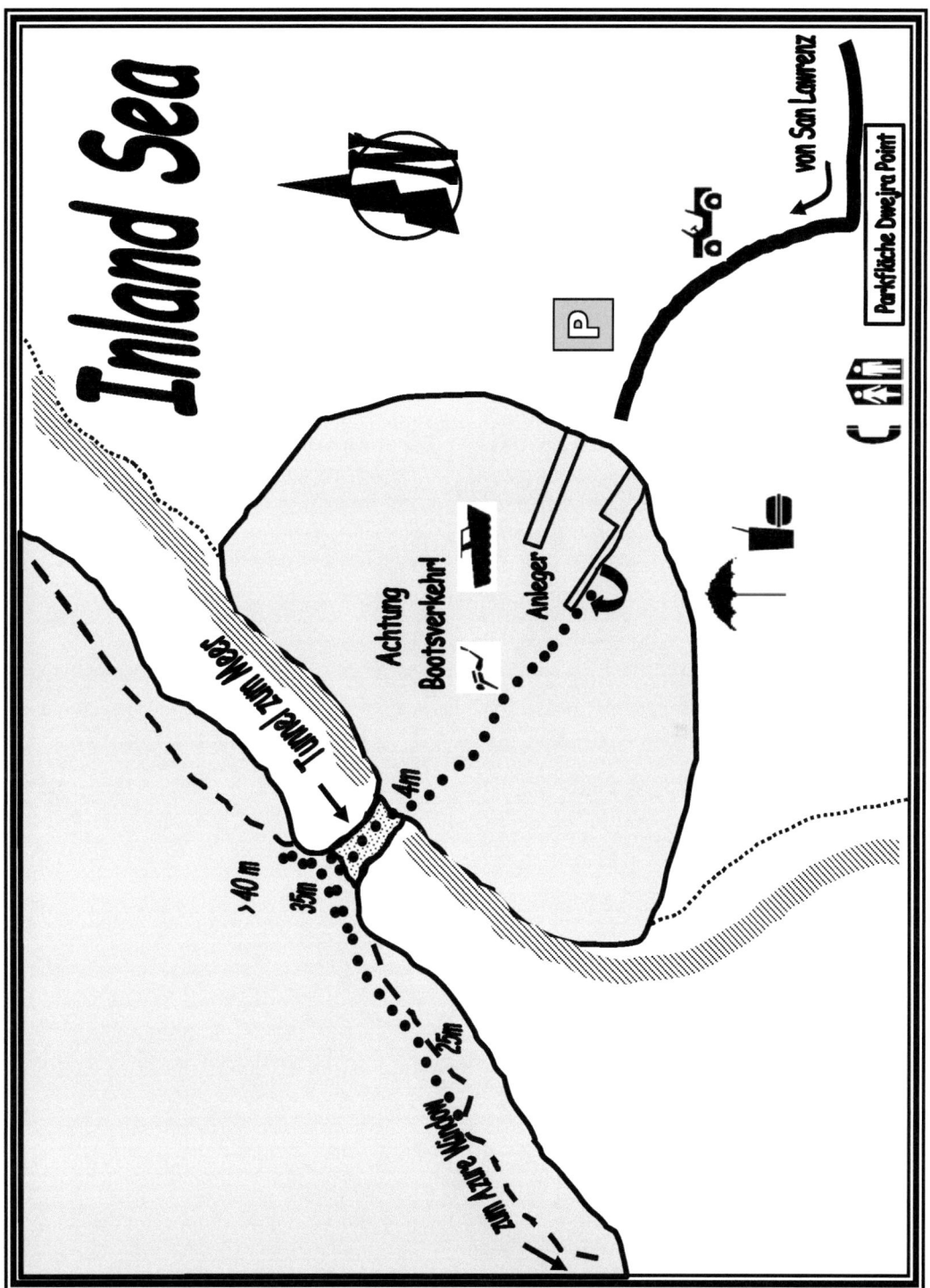

Inland Sea

Tauchgang

Im Wasser angelangt, sollte bis zum Tunneleingang geschnorchelt werden. Hier macht das Wasser noch einen trüben Eindruck, aber abwarten! An der linken Kante beginnt der Abstieg. Es ist dort nur wenige Meter tief. Der Grund besteht aus Felsen. Hier die Gruppe zusammenhalten, da man sich leicht im Getümmel der Taucher und dem aufgewühlten Wasser verlieren kann. Das würde dann einen Aufstieg im Kanal nötig machen. Und der ist besser zu vermeiden.

Ist diese kleine Hürde überwunden, geht es richtig los. Noch ist das Wasser eher trüb und Streulicht beherrscht das Bild. Allmählich wird es dunkler, bis dann am Horizont langsam ein Blau erscheint, das immer intensiver wird. Trotz lauter Verzückung bitte den Tiefenmesser nicht aus den Augen verlieren, denn der Boden in der Schlucht fällt kontinuierlich ab und liegt am Ausgang unter 30 Metern.

Der Kanal ist hier auch deutlich breiter. Bis zum Grund abzutauchen ist nicht notwendig. Schöner sind die Seitenwände in geringeren Tiefen. Ein Blick um die „Ecken" herum lohnt ebenso. Der Tauchgang kann an den Außenwänden nach links oder rechts beliebig weitergeführt werden. Geradeaus geht es ins „Unendliche".

Bei aller Begeisterung sollte an die Luftreserve für den Rückweg gedacht werden. Dieser führt durch die Schlucht in den trüben See zurück. Trotz der Faszination über die Farbspiele im Tunnel sollten auch die interessanten Wände beachtet werden. Beim Rückweg durch die Schlucht sind Absätze, kleine Kamine und Überhänge anzutreffen, die einer Untersuchung (Lampe!) wert sind. Dann noch ein letzter Blick zurück bevor einen das trübe Licht des Sees in die Wirklichkeit zurückholt. Vergesst nicht, auf die Boote zu achten!

Rückweg für Fortgeschrittene:
Nur (!) für erfahrene Taucher, die das Tauchgebiet (Blue Hole / Azure Window, -> Tauchplatz 8) gut kennen, gibt es bei guten Wetterbedingungen eine Alternative zum beschriebenen Rückweg. Dazu folgt man im Freiwasser der Steilwand immer Richtung Westen. Nach gut der halben Wegstrecke wird ein breiter Einschnitt in der Felswand passiert. In diesen kann, dem Verlauf der Wand folgend, hineingetaucht werden. Unter Beibehaltung des bisherigen Westkurses kann er auch links liegen gelassen werden, wobei kurzzeitig die Sicht zum Fels verloren gehen kann. Bei Geradeauskurs trifft man aber schnell wieder auf die Wand.

Im weiteren Verlauf des Tauchgangs gelangt man zum Azure Window und erreicht schließlich das Blue Hole. Wer jetzt erst merkt, dass der Ausstieg dort aufgrund der Brandung nicht möglich ist, hat bei der Tauchgangsvorbereitung etwas vergessen und nun ein Problem. Also bitte, Ausstieg vorher checken! Der Ausstieg am Blue Hole ist nur bei ruhiger Wetterlage möglich. Die Tauchstrecke vom Ausgang Inland Sea zum Blue Hole beträgt ca. 400 Meter. Da diese Variante mindestens 45 Minuten dauert, ist sie nur trainierten und mit ausreichender Luftmenge ausgestatteten Tauchern anzuraten.

Im Tunnel vom Inland Sea

Après diving
Nichts ist schöner, als sich nach einem Tauchgang am Inland Sea unter einem Sonnenschirm des hiesigen Imbisses auszuruhen, einen Hamburger oder Chicken Burger mit eiskaltem Kinnie zu genießen und dabei das ständige Ein und Aus der Taucher und Boote zu beobachten.

8. Dwejra Point
   (Blue Hole, Azure Window, Coral Cave)
   [dwe-rah-peunt / bluh-hohl]

Der wohl bekannteste Tauchplatz Gozos bietet über wie unter Wasser landschaftliche Höhepunkte. Das Blue Hole ist Ausgangspunkt zu zahlreichen Zielen und bietet vielfältige Kombinationsmöglichkeiten. Eine so schön wie die andere.

Anfahrt und Einstiege
Die Anfahrt erfolgt wie zum Inland Sea [-> Tauchplatz 7]. Auf dem Platz mit Taxen, Bussen und Erfrischungsständen hält man sich dann aber nach links in Richtung Wasser und sucht sich einen Parkplatz, möglichst abseits vom Touri-Gewühl. Von dort sind die Einstiege zu Fuß erreichbar. Neben dem Hinab-

tauchen direkt in das Blue Hole kann auch von mehreren Stellen an der Westspitze ins Wasser gesprungen werden. Das bietet sich besonders bei Tauchgängen zur Coral Cave oder zum Crocodile Rock [-> Tauchplatz 9] an, um sich die langen „Antauchwege" zu ersparen.

Als Ausstieg bleibt in der Regel nur das „Blaue Loch". Lediglich bei ganz ruhiger See kann auch eine Schräge im ansonsten steilen Felsufer zum Aussteigen genutzt werden. Sie befindet sich Richtung Crocodile Rock.

Der Abstieg im Blue Hole gehört zu den Höhepunkten einer Gozo Tauchreise

Sicherheit

Hier wird im ungeschützten Freiwasser, an einer windexponierten und brandungsreichen Stelle getaucht. Man sollte sich vorab die an den Verkaufsständen ausgestellten Postkartenfotos „Azure Window bei Sturm" angucken, um zu erkennen, was einen erwarten kann. Also, so wunderschön der Einstieg ist, schon bei leichter Brandung wird der Ausstieg ungemütlich. Die Rettungswege sind entsprechend schwierig.

Zu allen Einstiegen ist eine jeweils etwa 120 Meter lange aber mühsame Strecke über den scharfkantigen Fels zu laufen. Besonders der Abgang zum Blue Hole erfordert etwas Klettergeschick und sollte nicht unterschätzt werden. Füßlinge mit festen Sohlen (oder Sandalen) sind unentbehrlich. Ein weiterer Punkt: Besonders an den Außenwänden zum Crocodile Rock hin, können beachtliche Strömungen auftreten.

Tauchgang

Nach der kurzen Klettertour zum Einstieg ins Blue Hole lässt man sich, meist von vielen Touristen bestaunt, in einem fast kreisrunden Loch zu Wasser. Schon innerhalb des zylindrischen Abstieges empfangen einen schön bewachsene Wände, die man sich aber für den Rückweg (Sicherheitsstopp / Deko) aufsparen sollte. Ab acht Metern gibt ein großer Bogen den Weg ins offene Meer frei. Man schaue sich das Umfeld etwas genauer an, denn von außen ist der Eingang zum Blue Hole nicht besonders auffällig.

Beim Blick zurück fällt neben dem schönen Himmelsausschnitt auf, dass im Hintergrund die Wand im Dunkeln verschwindet. Direkt unter dem Blue Hole befindet sich nämlich der Zugang zu einer Höhle (dazu später mehr). Der Grund liegt hier auf circa 17 Metern und ist mit großen Felsen bedeckt. Er fällt im freien Wasser schnell ab. Zum Tauchen ergeben sich nun etliche Möglichkeiten - eine Auswahl:

A) Azure Window: Vom Blue Hole aus halten wir uns dazu nördlich. Die Passage durch das Fenster ist nicht zu verfehlen. Das klare Wasser ermöglicht den Blick auf den Bogen auch aus 20 Meter Wassertie-

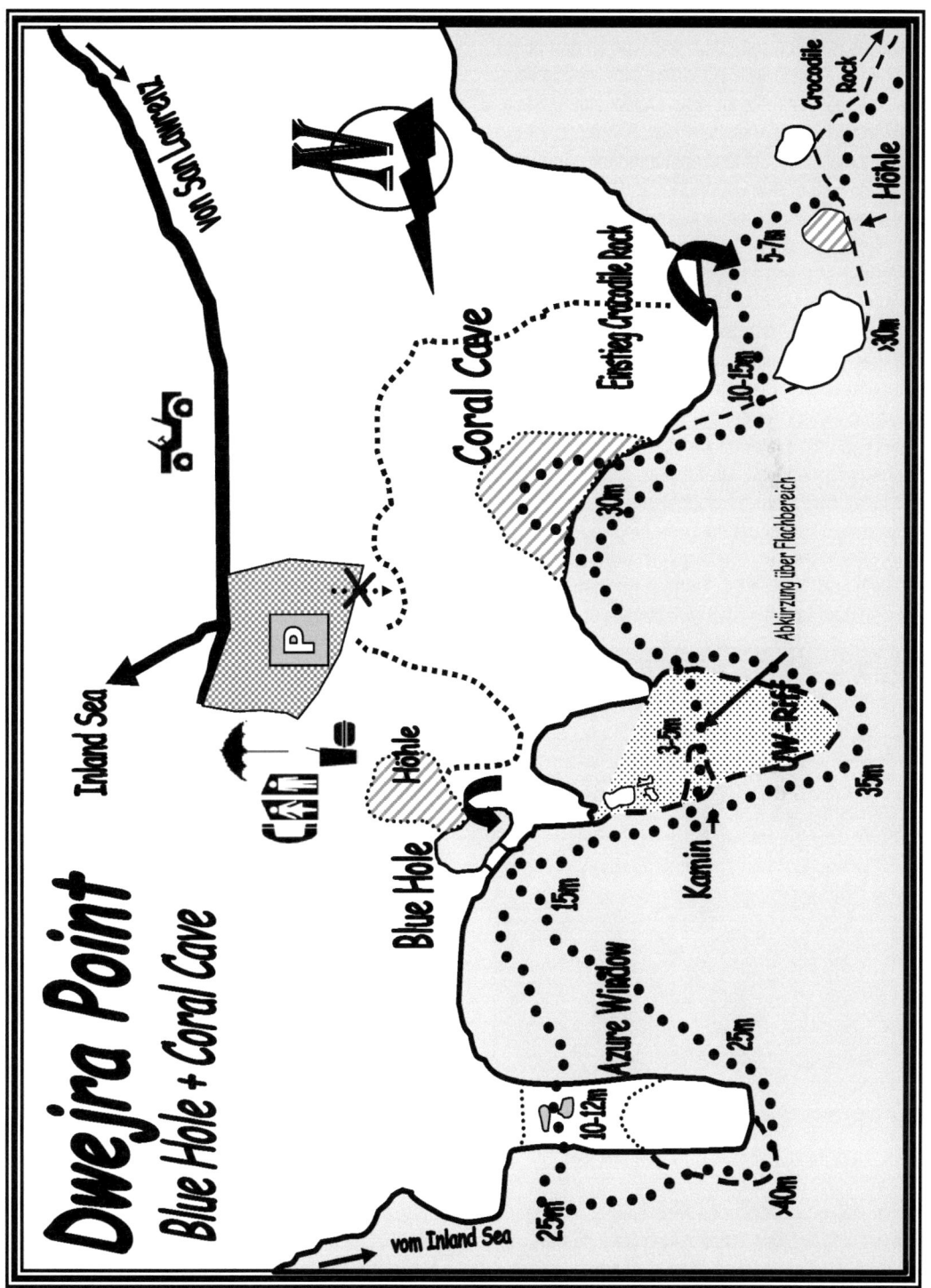

Dwejra Point
Blue Hole + Coral Cave

von San Lawrenz

Inland Sea

Coral Cave

Einstieg Crocodile Rock

Crocodile Rock

Höhle

5-7m

30m

10-15m

30m

Abkürzung über Flachbereich

Blue Hole

Höhle

L/W-Riff

3-5m

35m

Kamin

15m

Azure Window

25m

10-12m

25m

40m

vom Inland Sea

Dwejra Point

fe. Direkt unterhalb des Durchbruches ist das Wasser etwas flacher (rund 10 Meter), was an den abgebrochenen Felsstücken in Gartenlaubengröße liegt. Ein theoretisches Restrisiko, Opfer eines Steinschlages zu werden, besteht hier. Allerdings ist die Wahrscheinlichkeit eines abstürzenden Touristen sicherlich weit größer. (Anmerkung: Das Gebiet um den Dwejra Point ist mittlerweile Naturschutzgebiet und das Besteigen des Azure Windows - auch aus Sicherheitsgründen - verboten!)

Nach dem Passieren des Azure Window hält man sich nach links und umtaucht den Außenpfeiler. Unterschiedliche Plateaus ermöglichen einerseits eine gute Tiefenorientierung und eignen sich andererseits gut als Plattform für die Beobachtung von Fischschwärmen und Großfischen. Ist der Pfeiler umrundet, hält man mit Südostkurs wieder auf die Felswand zu und findet dort den Eingang zum Blue Hole. Andersherum funktioniert der Tauchgang natürlich auch und ist für „Tieftaucher" günstiger, da zuerst die größeren Tiefen erreicht werden können.

Der Tunnel im Anschluss vom Chimney

B) Die Höhle unterhalb des Blue Hole: Diese bietet sich zum Abschluss eines jeden Tauchgangs an, soweit der Luftvorrat es zulässt. Der sandige Grund der Höhle liegt auf circa 15 Metern. Die Decke, anfangs in rund acht Metern Höhe, fällt im Inneren immer weiter ab. Vorsicht mit den vielen Röhrenwürmern, die beim unvorsichtigen Tauchen leicht zu Schaden kommen können. Man muss ja nicht bis in die letzten Winkel hineinkriechen. Die Höhle ist ansonsten sehr geräumig und einfach zu betauchen, da der Ausgang immer sichtbar bleibt. Dennoch sind die Besonderheiten für das Tauchen in Höhlen zu beachten, und entsprechende Vorsicht ist angeraten.

C) Nach dem Einstieg ins Blue Hole ist auch der Weg Richtung Südwest (also links herum) eine gute Wahl. Hier taucht man entlang einer schön bewachsenen und fischreichen Steilwand, in deren Verlauf sich auch ein betauchbarer Kamin mit anschließendem kurzem Tunnel befindet.

Je weiter an der Wand hinausgetaucht wird, desto tiefer wird es am Fuß der Steilwand. Schließlich ist es gut 40 Meter tief. Nach circa 150 Metern Tauchstrecke knickt die Wand um eine Felszunge ab. Der Abbruchkante kann dort weiter gefolgt werden. Man bedenke aber, dass der einzige Ausstieg am Blue Hole ist. Und zu diesem muss man unweigerlich zurück.

Alternative: Bei diesem Tauchgang ist gleich zu Beginn der Wand ein rampenartiger Anstieg zu finden. Wird diesem gefolgt, kann die Landzunge im flachen Wasser übertaucht werden und man gelangt anschließend wieder ins Tiefe. Gleiches ist möglich, wenn man nicht der Rampe folgt sondern kurz danach in einen Spalt hinein taucht. Dies ist der bekannte „Chimney". Steigt man in diesem Kamin auf, folgt ein kurzer Tunnel durch den der Flachbereich der Landzunge und schließlich wieder tiefes Wasser erreicht wird.

Hält man sich nun an der Steilwand nach rechts umtaucht man das Riff in entgegen gesetzte Richtung und kommt man schließlich zum Ausgangspunkt zurück. Der Kombination dieser unterschiedlichen Wege sind keine Grenzen gesetzt.

Bei sorgfältiger Tauchgangsplanung ist, am besten über die beschriebene Abkürzung, die Coral Cave zu erreichen. Diese findet man leicht, wenn sich nach Übertauchen der Landzunge südlich an der Steilwand entlang gehalten wird. Diese Höhle ist an sich „nur" eine riesige Öffnung, in der problemlos ein Einfamilienhaus Platz fände.

So ist das Betauchen auch simpel. Nach dem riesigen Eingang verengt sich die Höhle gleichmäßig, wobei sich Dach und Grund langsam annähern. Decke und Wände sind wunderschön bewachsen und der Ausblick ins Freiwasser ist imposant. Bei diesen Eindrücken bitte nicht den bevorstehenden langen Rückweg vergessen.

Der Hinweg kann übrigens deutlich verkürzt werden, wenn man einen Sprung von dem gut zwei Meter hohen Fels oberhalb der Höhle nicht scheut. Der Ausstieg erfolgt wiederum über das Blue Hole.

Après diving
Direkt am Parkplatz befindet sich eine kleine Snackbar mit vielen sonnengeschützten Plastiksesseln. Unter die lärmenden Tagestouristen gemischt, hat man von hier einen herrlichen Ausblick über das Meer und den Ort des eben durchgeführten Tauchganges. Ideal ist das Plätzchen zum Sonnenuntergang, wenn der große Touristentrubel nachgelassen hat.

9. Crocodile Rock

Am Dwejra Point befinden sich neben Blue Hole, Azure Window und Inland Sea noch weitere schöne Tauchspots. Vor der westlichen Landspitze liegt ein kleiner Felsen, der in Seitenansicht einem Krokodil ähnelt. Der Platz bietet schöne Steilwände mit viel Fisch. Daneben sind einige nette Höhlen und Spalten zu finden.

Anfahrt und Einstiege
Die Anfahrt erfolgt wie bei Tauchplatz 7. und 8. beschrieben. Man parkt dann aber möglichst auf der linken Seite des Platzes. Der Einstieg erfolgt an der Westseite des Felsplateaus per Sprung. Fast gegenüber von dem großen Felsen (Big Bear), der zwischen Festland und Crocodile Rock aus dem Wasser ragt, ist dazu eine geeignete Stelle. Der Weg dorthin besteht aus scharfkantigem Fels. Am besten erkundet man vor dem Anlegen der Tauchausrüstung einen begehbaren Pfad. Der Ausstieg - er liegt etwas links von der Sprungstelle - ist an dem Platz auch möglich, aber nur bei sehr (!) ruhigem Wasser. Dann erfolgt er über eine Schräge, die allerdings mit scharfkantigem Gestein gespickt ist. Zur Alternative steht der Ausstieg am Blue Hole.

Sicherheit
Der Ausstieg ist in jedem Fall schwierig und für Rettungsaktionen sehr ungünstig. Entsprechend vorsichtig sollte, besonders in Hinblick auf die möglichen großen Tiefen, getaucht werden. Im Notfall ist es ein langer Weg zum Ausstieg am Blue Hole. Auch kann es an diesem Platz Strömung geben. Aufgrund der langen Wege, erfordert der Tauchgang ausreichende Fitness und eine gute Planung, insbesondere dann, wenn am Blue Hole ausgestiegen werden soll. Falls das letzte Wegstück geschnorchelt wird, sollte der Luftbedarf für das Untertauchen des Bogens nicht vergessen werden. Ebenso sollten vor dem Tauchgang die Verhältnisse am Ausstieg geprüft werden.

Crocodile Rock

Nach dem Hineinklettern, besser aber dem Sprung, ins Wasser befindet man sich auf einem Plateau mit Grund auf etwa sieben Metern. Am besten wird nun zwischen den beiden vorgelagerten Felsen (sie heißen übrigens kleiner und großer Bär) zur Abbruchkante getaucht. An dieser hält man sich entweder gleich nach links oder macht noch einen kurzen Abstecher. Fast unterhalb vom kleinen Bär macht die Wand einen Knick. Dort ist auf gut 20 Metern eine ansehnliche Höhle (Rogers Cave) zu finden. Nach deren Erkundung kann der Wand weiter in südwestliche Richtung gefolgt werden. Am Fuß der Wand ist es gut 35 Meter tief, zum Freiwasser fällt der Grund weiter ab. Auf dem mit Felsbrocken bedeckten Sandboden wird bald die 40-Meter-Grenze erreicht.

Möchte man diesen tiefen Bereich erkunden, dürfte der Luftvorrat kaum ausreichen um im Anschluss noch die Riffspitze mit dem Crocodile Rock zu erreichen. Ausgedehnte Tauchgänge an diesem Platz können deshalb nur bei ruhigem Wetter empfohlen werden, wenn ein Ausstieg wieder an der Einstiegsstelle möglich ist. Man folgt am Grund oder in beliebiger Tiefe der Wand, bis diese nach Südosten abknickt. Dort befindet man sich unterhalb des „Krokodils" und kann nach der Biegung langsam ans Höhertauchen denken. Im flachen Wasser (< 10

Meter) befindet sich ein Einschnitt in Form eines Amphitheaters. Der Rückweg erfolgt nun entweder entlang der Kante oder über das flache Plateau, dem Kompass Kurs Nordost folgend.

Ist der Ausstieg am Blue Hole vorgesehen, sollte der Ablauf etwas anders erfolgen. In Hinblick auf die lange Tauchzeit sind Tiefen unter 25 Metern zu vermieden. Man betaucht zuerst die Höhle und folgt dann der beschriebenen Wand bis zur Spitze unterhalb vom Crocodile Rock. Hierbei bieten sich einige größere Spalten zum Erkunden an. Nachdem der Felsen umrundet wurde, steigt man im Amphitheater ins flache Wasser auf und beginnt den - langen - Rückweg. Dabei folgt man am besten der Kante der Steilwand. Auf Höhe des Einstieges passiert man dann zuerst den kleineren Felsen, dann den größeren. Diese zeichnen sich bei einem Blick nach oben gegen den Himmel ab. Danach knickt die Wand zum Land hin ab. Man betaucht nun das dem großen Bären vorgelagerte Plateau in nordöstliche Richtung. Als nächstes wird eine Art Bodensenke erreicht. Weiter geradeaus gelangt man zum riesigen Eingang der Coral Cave (Eventuell liegt man etwas rechts davon). Von dort aus wird dem schon beim Tauchplatz 8 beschriebenen Weg zum Ausstieg am Blue Hole gefolgt. Ein langer aber schöner Tauchgang für den eine große Tauchflasche empfehlenswert ist.

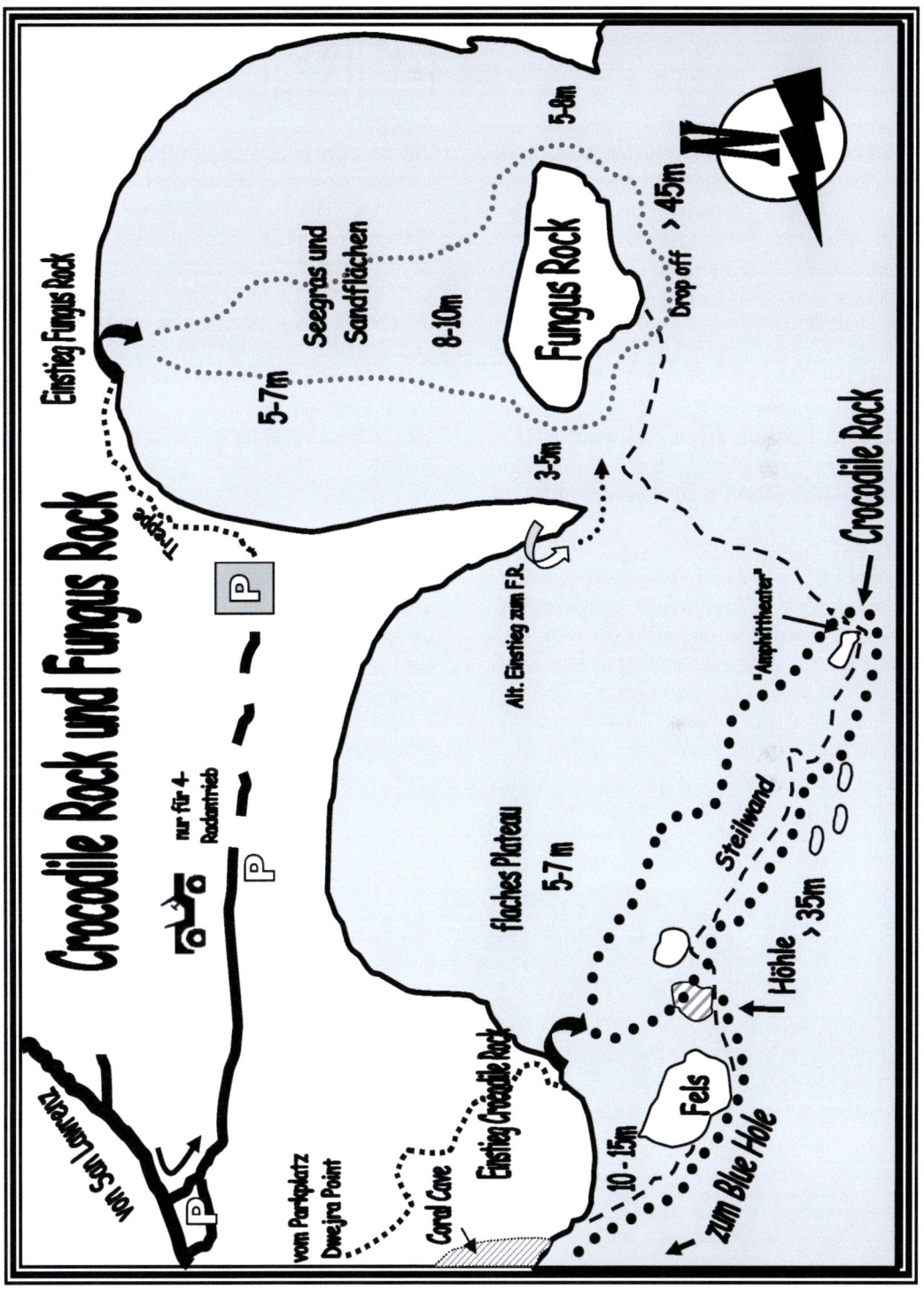

Crocodile Rock und Fungus Rock

von San Lawrenz

vom Parkplatz
Dwejra Point

nur für 4-
Radantrieb

Treppe

Einstieg Fungus Rock

Coral Cave

Einstieg Crocodile Rock

Seegras und
Sandflächen

5-7 m

8-10m

3-5m

Fungus Rock

5-8m

Drop off   > 45m

flaches Plateau
5-7 m

Alt. Einstieg zum F.R.

"Amphitheater"

Crocodile Rock

Steilwand

Höhle   > 35m

Fels

10 - 15m

zum Blue Hole

10. Fungus Rock

Südlich vom Dwejra Point befindet sich die halbmondförmige Dwejra Bay, vor derren Ausgang ein mächtiger Felsen liegt. Zum freien Meer hin können dort spektakuläre Steilwände betaucht werden. Auch ist dieser Ort für seinen Fischreichtum bekannt. Taucher, die vor etwas Schnorcheln nicht zurückschrecken, können den Felsen auch ohne Boot erreichen.

Anfahrt und Einstiege

Der Platz wird wie die anderen Tauchplätze am Dwejra Point erreicht. Bevor man allerdings zum großen Wendeplatz gelangt, gehen von der Straße mehrere kleine Abfahrten zur linken Seite ab, die ebenfalls zu Parkplatzen führen.

Man halte sich soweit nach links wie möglich (aber nicht den Weg zum Turm hinauf!), und gelangt zur südlichsten Parkfläche. Hier endet der Weg, doch kann mit einem Jeep auf dem flachen Fels weiter bis dicht an die Bucht gefahren werden. Dort führt ein Treppenweg bis ans Wasser. Über eine (rutschige!) Bootsrampe geht es ins Wasser.

Sicherheit

Wie an allen Tauchspots am Dwejra Point stellen vor allem die großen erreichbaren Tiefen ein Risiko dar. Im Notfall ist zudem der Rettungsweg sehr lang. Auch sollte der Platz nur bei ruhigem Meer betaucht werden. An den flachen Buchtausgängen sowie an den Außenwänden vom Fungus Rock ist ansonsten mit starkem Wellengang zu rechnen. Auch der Ein- und Ausstieg wird mit zunehmender Brandung schwieriger. Da sich die Bucht als Ankerplatz anbietet, ist Bootsverkehr eine weitere Gefahr. Vor dem Fungus Rock sollte zudem mit Strömung gerechnet werden.

Tauchgang

Nach dem „Aufrödeln" steigt man die Treppen in die Bucht hinunter und gleitet über die Bootsrampe ins Wasser. Bis zum Felsen sind es nun fast 400 Meter, die geschnorchelt werden sollten. In der Bucht ist der Grund knapp zehn Meter tief. Sandflächen und ausgedehnte Seegraswiesen prägen das Bild. Am Fungus Rock befinden sich dann die schönsten Bereiche an seiner Südwestseite. Am besten

beginnt man deshalb den Tauchgang am südlichen Buchtausgang. Von dort wird schnell die steile Außenwand erreicht, die auf über 45 Meter abfällt. Oberhalb der Steilwand liegen auf verschiedenen Tiefen kleine Absätze und in 15 Metern gibt es eine kleine Höhle. In diesem Bereich liegen zudem riesige Felsbrocken. Weiter an der Wand entlang wird es flacher und über einen nur knapp fünf Meter tiefen Einschnitt geht es zurück in die Bucht. Je nach Luftreserve und eventuell notwendiger Austauchzeit kann noch die - allerdings nicht besonders reizvolle - Rückseite des Felsens betaucht werden. Mit Nordkurs gelangt man zurück zum Einstieg.

11. Xlendi Bay
[schlendi-bäih]

Im Südwesten von Gozo liegt der Badeort Xlendi mit seiner fjordähnlichen Bucht, die schon von den Römern als Winterhafen benutzt wurde. Im flachen Wasser lässt es sich einfach tauchen. Ein kleines Riff und eine interessante Tunnelpassage befinden sich dort in geringer Tiefe. Besonders Anfängern sei dieser unkomplizierte und flache Tauchplatz empfohlen.

Anfahrt und Einstiege
Von Victoria aus ist Xlendi kaum zu verfehlen. Man folgt einfach der ausführlichen Ausschilderung. Nach kurviger Landstraßenfahrt im Ort angelangt, hält man sich nach links zum Südufer der Bucht. Die Straße steigt dort steil an und macht dann eine Linkskurve, in der geparkt werden kann. Mehrere Treppen führen von dort zum Wasser. Plattformen mit Leitern ermöglichen einfache Ein- und Ausstiege.

Sicherheit
Die Bucht ist insgesamt sehr flach und dient vielen Booten als Ankerplatz. Somit stellt der Bootsverkehr die größte Gefahrenquelle dar. Innerhalb der Bucht sollte deshalb nur mit größter Vorsicht aufgetaucht werden. Weiterhin sind lose Ankerleinen mögliche Gefahrpunkte. Der kleine Tunnel am nördlichen Ufer der Bucht kann durchtaucht werden, doch gebietet ein solcher Höhlentauchgang entsprechende Vorsicht.

Leider soll es gelegentlich (z.B. bei starken Regenfällen) zu Abwassereinleitungen in die Bucht kommen, was zu einer erhöhten Keimbelastung im Wasser führt. Eine gesundheitliche Gefährdung ist nicht auszuschließen. Ob bei kritischen Situationen Schilder auf ein Badeverbot hinweisen, ist ungewiss. Man kann sich aber in den anliegenden Tauchshops informieren. Manche Tauchschulen meiden diesen Platz jedoch grundsätzlich.

Tauchgang
Einen schönen Tauchgang verspricht folgende Route: Am Südufer wird abgetaucht und mit nordwestlichem Kurs die Bucht gequert. Der Sandgrund liegt in 6 - 8 Meter Wassertiefe. Man stößt schließlich auf die Felswand, der Richtung Buchtausgang gefolgt wird. Dabei sollte nach kurzer Zeit in rund drei Meter Wassertiefe der Zugang zur Xlendi Cave, die kanalartig durch den Fels führt, gefunden werden. Wird die Höhle nach kurzer Zeit nicht entdeckt, ist man vermutlich schon zu weit draußen, und es muss dann zurückgetaucht werden. Der Eingang zeichnet sich über Wasser durch eine auffällige Einkerbung in der Felswand ab.

Drachenköpfe sind überall zu finden

Xlendi Bay

Die Xlendi Bay ist ein - auch bei Tauchern - beliebter Ferienort

Die Höhle, besser gesagt der Tunnel, ist anfangs nicht sehr geräumig, weitet sich aber im weiteren Verlauf auf. Am hinteren Ende ist er eher eine Schlucht in der aufgetaucht werden kann. Insbesondere Anfänger können hier erste Erfahrungen mit Höhlen sammeln. Dennoch ist der Tunnel auch für Fortgeschrittene ein Erlebnis. Die reizvollen Lichtverhältnisse und bewachsenen Wände erfreuen das Taucherherz. Am Ausgang ist es etwa sechs Meter tief und man hält sich nun nach links. Erreicht man schließlich das Ende der Felsnase, kann diese im Flachwasser umrundet werden.

Alternativ folgt man unter Wasser ihrer Fortsetzung ins Freiwasser zum Xlendi Reef. Nach circa fünf Minuten gelangt man über den felsigen Grund zur Spitze, deren Oberkante knapp unter dem Meeresspiegel liegt. Zum Freiwasser hin fällt das Riff steil auf circa 20 Meter ab. Beim Rückweg behält man die Felsen auf der linken Seite. In die Bucht zurück-gelangt, quert man in rund acht Meter Wassertiefe das „Fahrwasser" und gelangt zum Ausgangspunkt zurück.

Variante:
Mit Anfängern kann auch am südlichen Ufer getaucht werden. Dabei erkundet man die schmale, sich nach links erstreckende, Bucht. Seegras und kleine Felsen prägen das Bild. Die Wassertiefe beträgt immer weniger als zehn Meter. Zu beachten ist das Tauchverbot am Buchtausgang unterhalb des Wachturmes.

Après diving
Die Bucht von Xlendi ist außerordentlich hübsch, und so gibt es entlang der Ufer jede Menge Lokale, die zur Einkehr laden. Die Restaurants am Parkplatz bieten zur Abendstunde zusätzlich ein kostenloses Erlebnis: den Sonnenuntergang.

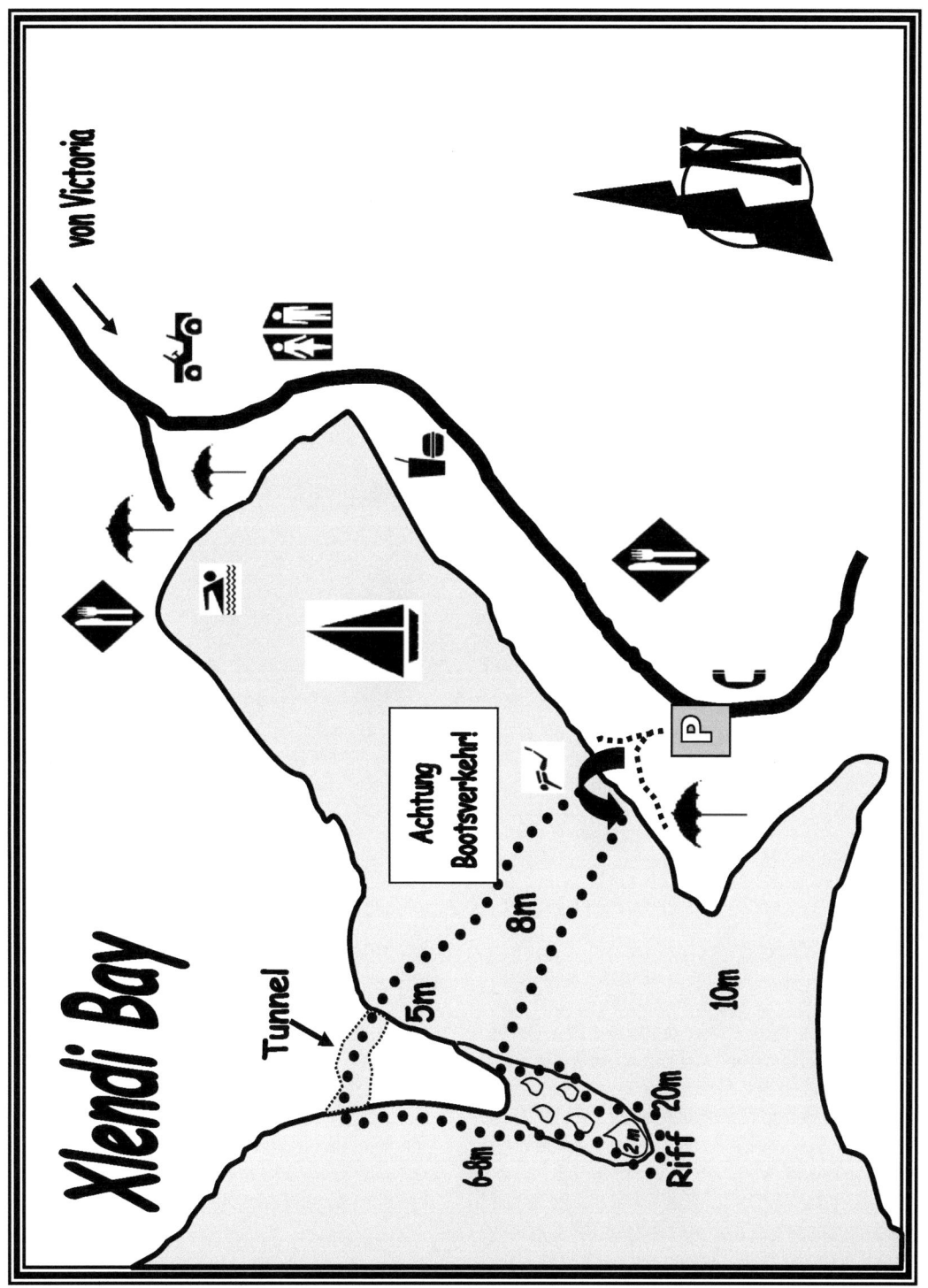

12. Ta'Cenc (Il Kantra)
und Fessej Rock
[Ta-schensch / Fess-saih-rock]

An Gozos Südküste befinden sich die Klippen von Ta'Cenc. Hier, am Ausgang der Bucht von Mgarr Ix-Xini [-> Tauchplatz 13], liegt dieser beliebte und vor Nordwestwinden geschützte Tauchplatz. Die attraktiven Steilwände, der reich belebte Sandgrund im Buchtausgang, zwei kleine Höhlen sowie ein mächtiger freistehender Felsen, bieten allerhand Tauchmöglichkeiten für Anfänger und Fortgeschrittene. Da sich der Platz auf Privatgelände befindet, ist das Tauchen zeitweilig limitiert.

man sich kaum, da alle Seitenwege inzwischen mit Schranken abgesperrt wurden. Der Weg endet in einer Sackgasse mit Wendekreis. Dort nicht parken, sondern wenden und dann einen Platz am rechten Straßenrand suchen. Direkt unterhalb liegt eine kleine Snackbar die zum noblen Ta'Cenc-Hotel gehört. Treppen führen hinunter zu einer betonierten Plattform, von der man ins Wasser springen kann. Eine Badeleiter, die allerdings nur während der Öffnungszeiten des Lokals im Wasser hängt, erleichtert den

Einige Treppen sind an der Bucht von Ta'Cenc zu bewältigen. Im Freiwasser der Fessej Rock

Anfahrt und Einstiege
Von Victoria folgt man der Ausschilderung nach Sannat. Dort vor der Kirche links abbiegen und dem Straßenverlauf folgen. Man durchfährt den Ort in südöstliche Richtung und hält sich an einer Straßengabelung nach links. Gleich nach dem Abbiegen beginnt das riesige Privatgelände auf dem der Einstieg liegt. Die holprige Straße verläuft in mehreren Windungen zum Meer hin, und schließlich muss, kurz bevor der Weg geradeaus endet, einem Schild „Il Kantra/Snack bar" (nur während der Öffnungszeiten da) nach rechts gefolgt werden. Verfahren kann

Ausstieg. Es geht aber auch ohne sie. Zu beachten ist an dieser Stelle, dass sich inzwischen die Eigentümer und die Gäste des Hotels, die an diesem lauschigen Plätzchen ihr Sonnenbad nehmen, durch den zunehmenden Taucheransturm gestört fühlen. So sollte dieser Platz möglichst am frühen Vormittag oder späten Nachmittag besucht werden. Ansonsten kann es passieren, dass einem der Zutritt versagt wird. Es ist Privatgelände und man sollte sich dementsprechend verhalten.

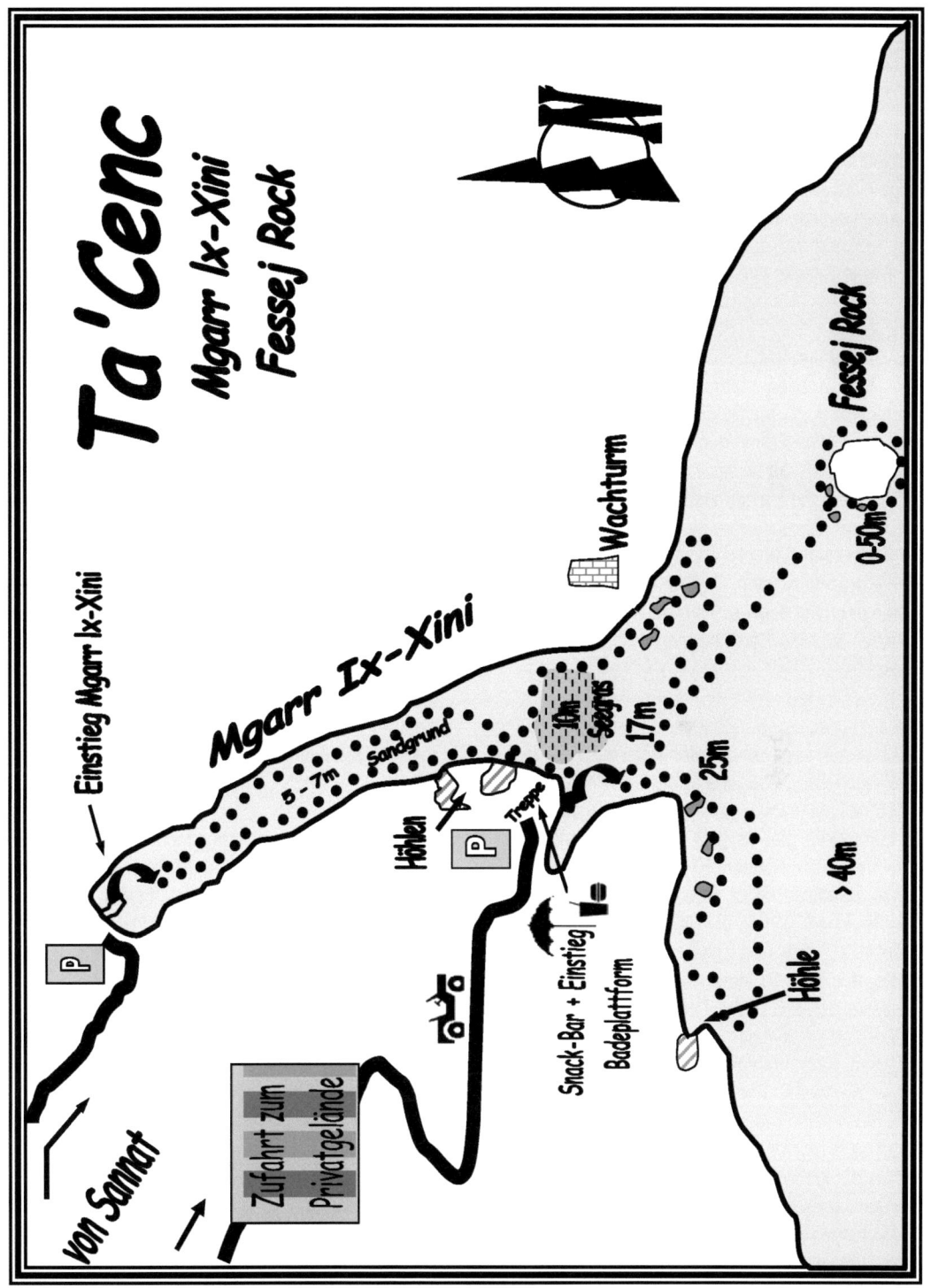

Ta'Cenc

Mgarr Ix-Xini

Fessej Rock

von Sannat

Zufahrt zum Privatgelände

P

Einstieg Mgarr Ix-Xini

Mgarr Ix-Xini

5 - 7m Sandgrund

Höhlen

P

Treppe

Snack-Bar + Einstieg

Badeplattform

10m Seegras

17m

25m

> 40m

Höhle

Wachturm

Fessej Rock

0-50m

Ta'Cenc

Sicherheit

Das Gebiet birgt an sich keine besonderen Gefahren. Jedoch sind die Höhlen, die es an diesem Tauchplatz gibt, im hinteren Bereich ziemlich eng und man sollte entsprechend vorsichtig darin herumtauchen. Zum Freiwasser hin wird es tief. Allerdings nicht so schroff, wie an anderen Plätzen. Das Tauchen zum freistehenden Fessej Rock ist erfahrenen Tauchern mit ausreichend Kondition vorbehalten (weite Strecke und bisweilen Strömung).

Tauchgang

Das Gebiet ermöglicht mehrere Varianten. So kann von der Einstiegsplattform aus entweder der Küstenlinie nach rechts um die Landspitze herum oder nach links über den Buchtausgang hinweg gefolgt werden. An beiden Ufern gibt es Steilwände und Felsen, mit kleinen Höhlen, Kaminen etc. Die Wände sind flacher als an der West- und Nordküste. Dennoch kann auch hier recht schnell die 40-Meter-Marke erreicht werden. Dort geht der Fels in Sandboden über, auf dem es nicht viel zu entdecken gibt. Schöner sind die Bereiche zwischen zehn und 30 Meter.

Auf dem flachen Sandboden im Canon-Ausgang stößt man in circa zehn Meter Tiefe auf eine große Seegraswiese. Dieser und ihrem Umfeld sollte man große Aufmerksamkeit widmen, denn beim genauen Hingucken gibt es jede Menge zu entdecken, z.B. Sand-Aale, Rochen, Knurrhähne und Schollen sowie mit etwas Glück Seenadeln und (vielleicht) Seepferdchen. Wird in die Schlucht hineingetaucht, findet man linker Hand gleich zu Beginn die erste Höhle, der circa 50 Meter weiter eine Zweite folgt. Die erste, deren Grund auf zehn Metern liegt, ist ein großer und geräumiger Raum. Die zweite Höhle ist dagegen schluchtartig und windet sich als immer enger werdender Kanal in den Fels hinein. Zum Abschluss eines Tauchganges und zum Austauchen bietet sich der kleine und flache Einschnitt direkt neben der Badeplattform an. Die Wände und die bewachsenen Felssteine bieten dort jede Menge Abwechslung. Nicht links oder rechts, sondern geradeaus liegt ein weiterer fesselnder Tauchspot. Dem

erfahrenen Taucher, der den Weg dorthin nicht scheut, sei der Fessej Rock empfohlen. Man ist gut zehn Minuten für die 400 Meter dorthin unterwegs. Um Luft zu sparen, sollte diese Strecke, nachdem der Kompasskurs genommen wurde, im freien Wasser auf fünf Meter Tiefe zurück-gelegt werden. Wer seinen Orientierungsfähigkeiten nicht traut oder die gesamte Luft für die Erkundung des Felsens aufheben möchte, kann die Strecke aber auch Schnorcheln (Bootsverkehr beachten!). Dabei verpasst man allerdings das Erfolgserlebnis, wenn sich beim Antauchen nach der genannten Zeit, der Fels langsam am Horizont abzeichnet.

Ein attraktiver Tauchplatz ist dann erreicht. Der Felsen steht säulenförmig auf rund 50 Meter tiefen Sandgrund und kann in unterschiedlichen Tiefen umtaucht werden. An seinem Fuß liegen riesige Felsstücke. Die Steilwände beeindrucken durch ihre reichhaltige Fischfauna. Ebenso beinhalten die vielen kleinen und kleinsten Löcher biologische Überraschungen. Nach einer ausgiebigen Umrundung ist es leider wieder Zeit für den Rückweg. Dieser erfolgt im Gegenkurs zurück zum Festland. Bevor man sich auf diesen Ausflug einlässt, muss geprüft werden, ob Strömung vorhanden ist. In diesem Fall sollte auf die Tour verzichtet werden!

Après diving

In Ta'Cenc bietet es sich an, den Sonnenschutz, die kühlen Getränke und den schönen Ausblick des ansässigen Lokals zu nutzen. Für die Hungrigen gibt es kleine Snacks. Der Verzehr in der Bar kann sozusagen als Gegenleistung für die Benutzung der privaten Treppe betrachtet werden.

13. Mgarr Ix-Xini
[Im-Scharr-ih-schini]

Die fjordähnliche Schlucht diente in der Vorzeit Piraten als Versteck und später den Kreuzrittern als schützender Hafen. Heute ist die Bucht mit dem flachen Sandgrund und steilen Seitenwänden ein idealer Platz für Nachttauchgänge. Sie bietet aber auch tagsüber, insbesondere für Anfänger, erlebnisreiche Tauchgänge. Zahlreiche auf oder im Sand lebende Tiere können beobachtet werden. Am Ausgang der Schlucht befinden sich zwei einfach zu betauchende Höhlen. In den Seegraswiesen lässt sich - mit etwas Glück - auch eins der seltenen Seepferdchen entdecken.

Bootsverkehr geachtet wird. Deshalb beim Aufstieg im freien Wasser zuerst einen Blick nach oben riskieren. Der Einstieg ist für Nachttauchgänge ideal. Auch im Dunkeln besteht kaum die Gefahr sich zu verirren. Ebenso bieten die Höhlen bei entsprechender Sorgfalt keine besonderen Risiken. In die erste Höhle sollte jedoch nicht zu weit hineingetaucht werden, da es dort immer enger wird.

Tauchgang
Nachdem man den Flachbereich durchschnorchelt hat, beginnt der Tauchgang am besten an einer der

Anfahrt und Einstiege
Die Bucht wird über Victoria und Sannat erreicht. In Sannat biegt man wie auf dem Weg nach Ta'Cenc vor der Kirche links ab, und folgt der Straße. Recht unauffällig ist die im Verlauf folgende Abzweigung nach Xewkija. Es geht scharf nach links in ein Tal hinunter. Direkt in der Senke und bevor man den Ort erreicht, biegt ein mit Mgarr Ix-Xini ausgeschilderter Weg nach rechts ab. Die schmale Straße führt nach gut zwei Kilometern mit einem scharfen Knick und 20 % Gefälle direkt in die Bucht. Parken und kräftig durchatmen! Ins Wasser gelangt man problemlos über die flachen Bootsrampen (Vorsicht: Glitschig!).

Sicherheit
Das maximal zehn Meter tiefe Gebiet birgt keine besonderen Gefahren, wenn auf den gelegentlichen

Seitenwände. Der Rückweg erfolgt dann auf der gegenüberliegenden Uferseite. Die zwei Höhlen befinden sich am westlichen Ufer, kurz vor dem Schluchtausgang. Viel Aufmerksamkeit sollte dem Sandgrund gewidmet werden. Hier kann weit mehr als Knurrhähne und Schollen beobachtet werden.

Für Nachttauchgänge empfiehlt es sich, eine Lampe zur Markierung des Einstiegs mitzubringen, denn nachts gibt es, bis auf den Sternenhimmel, keine Beleuchtung.

Après diving
In der Bucht gibt es ein kleines Restaurant. Die freundlichen Gastleute bereiten leckere Speisen und arrangieren auch gerne Barbecue oder Fischplatten für größere Gruppen.

14. Xatt l-Ahmar (Mellieha Point) mit
Wracks Xlendi, Karwela, Comino Land
[Schatt-la-mahr]

In der Nähe vom Hafenort Mgarr liegt unterhalb vom Fort Chambray eine idyllische Bucht, die einfachen Zugang in ein flaches Tauchrevier ermöglicht. Mehr Einstiege gibt es im weiteren Küstenverlauf. Der Platz, der auch den Namen "red coast" trägt, ist eher ein Anfänger- und Übungsrevier und bietet sich bei Nordwestwind als Alternative zu Ta'Cenc an.

Neben dem mächtigen Bootsrumpf ist inzwischen auch ein Autowrack zu finden. Die beiden anderen Wracks sind im Sommer 2007 - mit Fördermitteln der EU - etwas glücklicher versenkt worden. Sie liegen ein wenig flacher und ein vorsichtiges Hineintauchen ist - dem erfahrenen Taucher - möglich.

Die "red coast" mit der Mellieha Bay (unten)

Seit einigen Jahren gibt es hier auch Attraktionen für Fortgeschrittene: Die Wracks der Autofähre Xlendi und der Schiffe Karwela und Comino Land. Leider verlief die u.a. von Tauchschulen veranlasste Versenkung der Xlendi anders als geplant. Statt auf circa 25 Meter tiefen Grund abzusinken, driftete die Fähre beim stümperhaften Fluten ab, geriet in tieferes Wasser und landete dann auch noch kopfüber auf dem rund 40 Meter tiefen Boden. Viele Aufbauten stecken damit im Sand oder wurden durch das Gewicht des Bootskörpers zerdrückt. ACHTUNG: Das seit 1999 im Meer liegende Wrack ist inzwischen sehr instabil und es wird dringend geraten, es nur noch aus respektvollem Abstand zu betrachten.

Anfahrt und Einstiege
Die Anfahrt erfolgt von Victoria Richtung Mgarr. Nachdem eine der auf Gozo seltenen Ampelkreuzungen mit ihrer merkwürdigen Schaltung überquert wurde, erreicht man, immer der Hauptstraße folgend, den Ort Ghanjsielem. Hier passiert man nach gut 500 Metern auf der linken Seite ein klobiges Steingebäude, in dem u.a. „Gozo Press" untergebracht ist. Gleich danach zweigt die Straße -Triq Tà Cordina - nach rechts ab. Man folgt ihr und biegt am zweiten Abzweig nach links ab. Der Abbiegung folgt ein holpriger Weg, der zwischen landwirtschaftlichen Flächen steil zum Wasser hinunter führt. Man erreicht die Küste etwas westlich der Mellieha Bay.

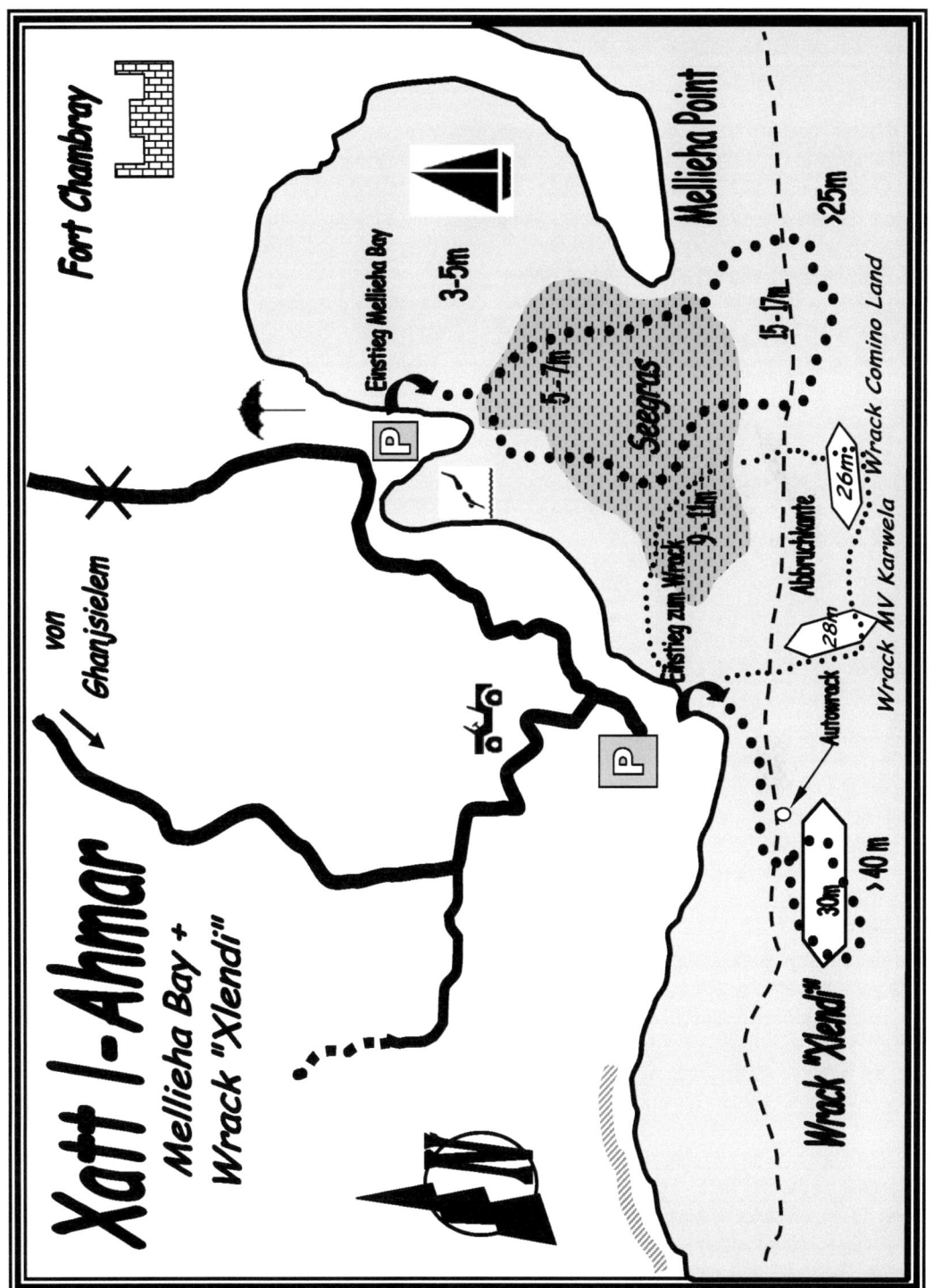

Xatt I-Ahmar

**Mellieha Bay +
Wrack "Xlendi"**

Fort Chambray

von Ghanjsielem

Einstieg Mellieha Bay

3-5m

5-7m

Seegras

9-13m

Einstieg zum Wrack

Mellieha Point

>25m

15-17m

Abbruchkante

26m

Wrack Comino Land

28m

Wrack MV Karwela

Autowrack

30m

>40 m

Wrack "Xlendi"

Xatt l-Ahmar

Diesen Weg kann man inzwischen kaum noch verfehlen, da zahlreiche Schilder mit dem Hinweis „Wrecks" den Weg weisen.

Am Wasser angelangt findet man gleich rechts eine neu hergerichtete Parkplatzfläche. Direkt davor liegt der Einstieg, der auch für die Betauchung der Wracks genutzt wird. Über eine kleine Einbuchtung im Felsufer wird ins Wasser geklettert. Was bei ruhiger See einfach ist, wird mit zunehmendem Wellengang immer schwieriger. Zur Alternative steht wie fast überall ein Sprung vom Felsufer. Zum Ausstieg gibt es inzwischen eine Leiter.

Wird von diesem Ort dem Hauptweg entlang der Küste nach links gefolgt, erreicht man die Mellieha Bay, an der mehrere Parkmöglichkeiten bestehen. In der Bucht kann an mehreren Stellen ins Wasser gesprungen werden. Vorsicht! Die Betonflächen und Bootsrampen sind äußerst rutschig.

Sicherheit

Das Gebiet birgt grundsätzlich keine besonderen Gefahren. In Ufernähe ist es überall flach und es gibt dort keine steilen Abfälle. Die kommen aber letztlich doch, wenn man weiter hinaustaucht. Dann geht es, wie überall auf Gozo, tief hinab. Achtung: Gelegentlich queren Boote die Bucht.

Die Tauchgänge zu den Wracks sind dagegen - insbesondere wegen der Tiefe - riskanter. Alle Wracks liegen auf ca. 40 Meter tiefem Sandgrund. Somit ist ein ausführliches Erkunden kaum ohne Dekopflicht möglich. Die Xlendi liegt zudem, wie schon erwähnt,

kopfüber. Das Hineintauchen in den Bootskörper, besonders in den großen Laderaum, war früher möglich, ist aber inzwischen verboten. Die Erkundung der Karwela und Comino Land birgt, auch wenn die Schiffe speziell zum Betauchen hergerichtet wurden, die bekannten Risiken eines Wracktauchgangs. Daher ist ein Heineintauchen erfahrenen Tauchern vorbehalten. Anfänger sollten alle Wracks nur von außen betrachten.

Tauchgangsvarianten

A) Mellieha Bay: In der kleinen Bucht ist es zwischen Festland und Landzunge sehr flach (nicht mehr als fünf Meter). Auch um die Landzunge herum wird es erst langsam tiefer. Überall sind kleinere Felsen und Seegraswiesen zu finden, die genauer erforscht werden sollten. Nicht nur kleine Garnelen, auch Sepien, Oktopusse und viele Kleinfische tummeln sich in dem strukturreichen Untergrund. Um größere Tiefen zu erreichen, muss man weiter über das Plateau hinaustauchen, das gemächlich bis auf zehn Meter abfällt. Schließlich wird die Abbruchkante erreicht, ab der es stetig tie-

fer wird. Im Hang gibt es auch eine kleine Höhle. Hält man sich vom Einstieg aus gleich nach rechts (westwärts), ist die Ebene schmaler und die Kante somit dichter am Ufer.

B) Einstieg Wracks: Vom 300 Meter westlich gelegenen Einstieg aus, kann dasselbe Gebiet aus der Gegenrichtung betaucht werden. Einige Senken ergänzen das Bild und die Felsen sind um die Einstiegsstelle herum auch etwas größer. Sie sind schön bewachsen und bilden reizvolle kleine Überhänge. Wahlweise kann die Küste auch weiter in westliche Richtung erforscht werden. Der Flachbereich ist hier nur noch schmal und der schräge Abfall wird schnell erreicht. Zwischen den abfallenden Hängen und Gesteinsbrocken befinden sich Sandschrägen.

Die MV Karwela liegt auf fast 40 m

<u>Wracktauchgänge</u> (nur für erfahrene Taucher):
Xlendi: Zum Wrack der 85 Meter langen Autofähre gelangt man wenn vom Einstieg B) der Küste nach Westen gefolgt wird. Auf dem schräg abfallenden Sandgrund zeichnet sich nach rund 200 Metern der Rumpf der ehemaligen Fähre, die parallel zum Ufer liegt, ab. In 30 Meter Tiefe findet der erste Kontakt zum Bootskörper statt. Beide Enden des flachen Rumpfes besitzen, typisch für Fähren, eine Schraube. Wird nun die Schiffswand hinunter getaucht, erreicht man auf gut 40 Metern den Sandgrund, in dem die ehemaligen Aufbauten - weitgehend versteckt - versunken sind. Wie gesagt: Das Erkunden des Schiffsinneren ist extrem (!) gefährlich und hat auch schon Taucherleben gekostet! Der Aufstieg erfolgt unter Einhaltung der notwendigen Austauchzeiten zurück zur Einstiegsstelle. Ein Autowrack liegt zwischen Küste und dem östlichen Wrackende.

Karwela und Comino Land: Aufgrund der Tiefen sollte jedes Wrack für sich erkundet werden. Will man sich aber lediglich einen Überblick verschaffen, sind auch beide Schiffe in einem Tauchgang zu schaffen. Es wird wieder am Einstieg B) gestartet. Von dort folgt man einem Kompasskurs von 200 Grad über das Plateau und die Kante hinein ins Freiwasser. Dort sollte nach kurzer Zeit der Bug der Karwela sichtbar werden. Das ca. 50 m lange ehemalige Patrouillenboot liegt waagerecht auf dem Sandgrund. Das Obere Deck befindet sich auf ca. 30 m. Der Mast ragt eindrucksvoll in die Höhe. Auf dem Hinterdeck befindet sich in gut 35 m ein VW-Käfer.

VW-Käfer auf dem Achterdeck der MV Karwela

Nun sollte man auf 20 Meter aufsteigen und mit ca. 80 Grad Kompasskurs die Comino Land ansteuern. Nach 2-3 Minuten müsste das Wrack auf dem hellen Sandgrund zu erkennen sein. Eine nähere Erkundung erfordert einen wiederholten Abstieg auf mindestens 30 m. Ist die Zeit zur Rückkehr gekommen steigt man am besten wieder auf 15 Meter Tiefe auf und taucht mit Nordwestkurs zur Küste zurück. Das flache Plateau ist ideal um den Tauchgang gemütlich zu beenden und dabei Sicherheitsstopp und ggf. erforderliche Dekostufen auszutauchen.

<u>Après diving</u>
Die Mellieha Bay ist sehr idyllisch. Da es hier keine Restaurants gibt, empfiehlt es sich, eigene Verpflegung mitzubringen, um beim Picknick nach dem Tauchgang noch etwas die Landschaft zu genießen. Vielleicht sollte man es den Gozitanern nachmachen, bei denen die Bucht zum abendlichen Barbecue sehr beliebt ist.

15. Hondoq Bay
[Honn-dock-bäih]

Am Südostzipfel Gozos ist taucherisch nicht viel zu erleben. Erfordert die Wetterlage aber einen geschützten Platz, so ist diese Stelle eine Alternative. Man taucht in einer Bucht mit kleinem Sandstrand am North Comino Channel. Besonders für erste Erfahrungen als Anfänger oder für Nachtauchgänge ist diesem Platz einiges abzugewinnen.

und Comino zieht. Auch herrscht dort an schönen Tagen reger Bootsverkehr.

Tauchgang
Ein großes Plus für den Tauchplatz ist der einfache Einstieg. Im Wasser sollten dagegen keine Besonderheiten erwartet werden, doch aufmerksa-

Anfahrt und Einstiege
Von Victoria gelangt man entweder über Xewkija oder Nadur nach Qala. Von Xewkija fährt man gerade durch den Ort hindurch, von Nadur kommend, muss in der Ortsmitte von Qala nach rechts abgebogen werden. Die Bucht ist von dort ausgeschildert. Zum Schluss der Anfahrt windet sich die Straße in engen Kurven zum Meer hinab. Dort bietet ein großer Parkplatz jede Menge Abstellraum. Der Stellplatz sollte nach dem Einstieg gewählt werden. Zur Wahl stehen der Strand oder eine Kaimauer.

Sicherheit
Das Gebiet birgt keine besonderen Gefahren. Außerhalb der geschützten Bucht kann Strömung auftreten, die durch die Meerenge zwischen Gozo

me Taucher dürften auch hier Interessantes aufstöbern. Man hält sich links oder rechts herum am Ufer oder taucht die Bucht im Zickzackkurs ab (maximale Tiefe im Buchtbereich zehn Meter). Vereinzelt gibt es stufige Felsformationen, teils mit kleinen Höhlen und Schluchten. Seegraswiesen und Sandgrund ergänzen das eher schlichte Bild. Mitten durch die Bucht verläuft eine Pipeline, die Gozo mit Frischwasser von Malta versorgt.

Après diving
In den Sommermonaten ist hier einiges los und man kann sich an mehreren Imbissen verpflegen. Außerhalb der Saison ist es ruhiger und die Buden geschlossen. Belebt ist es dann nur noch an schönen Wochenenden.

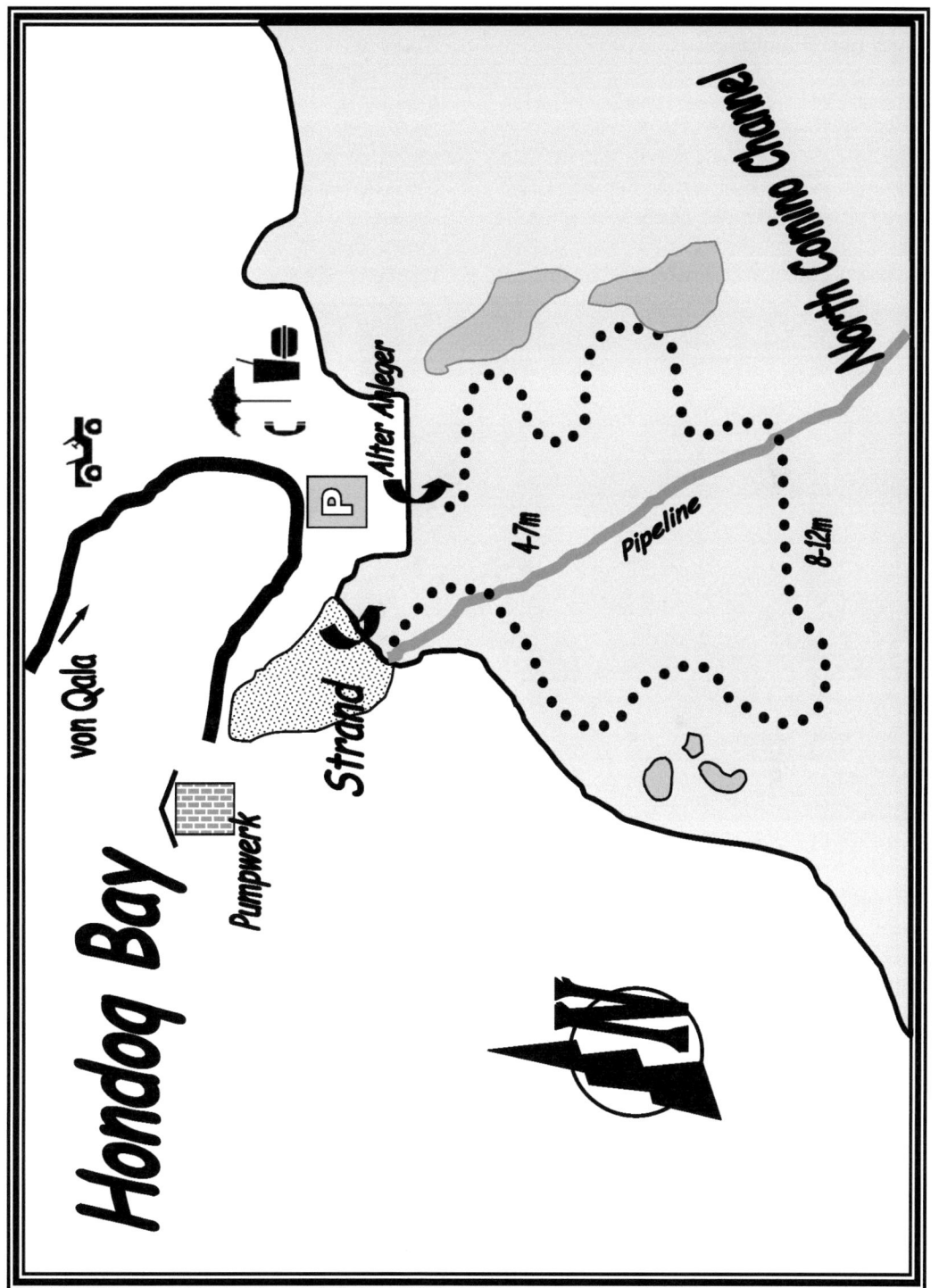

Hondoq Bay

North Comino Channel

Alter Anleger

Pipeline

4-7m

8-12m

von Qala

Pumpwerk

Strand

P

N

Landeskunde

Infoteil: Landeskunde, touristisches Gozo und Reisetipps

Selbstverständlich bieten Malta und Gozo dem Reisenden weit mehr als schöne Tauchplätze. Eine Reise auf die maltesischen Inseln ist auch eine Zeitreise in die Vergangenheit und die Welt unterschiedlicher Kulturen. Neben den Tauchabenteuern sollte man sich unbedingt etwas Zeit zum Kennen lernen der Insel und seiner netten Bewohner nehmen.

Der beständige Sonnenschein in der subtropischen Trockenzone [-> Klima] und der wechselnde Einfluss unterschiedlicher Kulturen hat die überwiegend katholische Bevölkerung geprägt. Besonders die Gozitaner, die noch nicht so stark der Hektik der Hauptinsel verfallen sind, zeichnen sich durch ihre bemerkenswerte Freundlichkeit und Offenheit aus. Dabei sind die Lebensbedingungen auf Malta alles andere als leicht. Die Inseln ragen, noch zum europäischen Festlandsockel gehörend, mit ihrem Kalk-

Land und Leute

Der maltesische Archipel, zu dem auch Gozo gehört, liegt im Herzen des Mittelmeeres. Knapp 100 Kilometer südlich von Sizilien und fast 300 Kilometer östlich von Tunesien gelegen, genießt es mit dieser strategisch günstigen Lage schon seit alters her hohe Bedeutung. Dabei beträgt die Gesamtfläche der zwei Hauptinseln - Malta und Gozo - nicht einmal die Hälfte des Hamburger Stadtgebietes. Was die Besiedelungsdichte anbelangt, kann dafür die Hauptinsel Malta ohne weiteres mithalten, sind doch über 90% der rund 375.000 Malteser dort auf drei Vierteln der Staatsfläche ansässig. Die circa 30.000 Gozitaner verteilen sich auf das restliche Viertel und entsprechend ländlicher ist diese Insel.

steinfels teils über 100 Meter aus dem Meer empor. Hitze und Wassermangel formten die Landschaft. Während in der Frühzeit noch Wälder weite Landstriche bedeckten, ist nach deren Abholzung, die vor rund 3000 Jahren begann, fast nur noch nackter Felsboden übrig geblieben. Darauf verblieb eine kümmerliche Vegetation, die nur wenigen Tierarten Lebensraum bietet. Lediglich im Frühjahr, wenn die Sonne noch nicht alle Pflanzen vertrocknen lässt, sprießt etwas Grün auf den Inseln - abgesehen von den künstlich bewässerten Feldern. Im Gegensatz zu Malta ist Gozo wesentlich grüner. Mit ihrem großen Anteil an landwirtschaftlichen Flächen wird diese Insel nicht umsonst als der „Garten Maltas" bezeichnet.

Kurzübersicht Republik Malta

Malta gesamt (Gozo)

Fläche:	316 (67) km²
Einwohner:	375.000 (30.000)
Bevölkerungsdichte:	Circa 1200 (375) pro km²
Religion:	98% katholisch
Sprache:	Maltesisch und Englisch
Staatsform:	Unabhängige Republik seit 13.12.1974
Wirtschaft:	Leichtindustrie (Zulieferer für europäischen Markt), Tourismus

Zur Geschichte

Mit den Schlagworten „Steinzeittempel - Araber - Ordensritter - englische Kolonie" ist die wechselhafte Geschichte Gozos, die mit der maltesischen untrennbar verknüpft ist, unvollständig und sehr verkürzt dargestellt. Doch sind diese Perioden sicher diejenigen, die am stärksten für die kulturelle Entwicklung der Inseln verantwortlich sind. Auch dem diesbezüglich unerfahren Touristen fallen sofort die Überbleibsel der britischen Kolonialzeit auf: Linksverkehr und englische (Amts-) Sprache. Auf den zweiten Blick sind zwischen Bauwerken der christlichen Zeit - besonders herausragend sind die zahllosen Kirchenkuppeln - viele Elemente aus der arabischen Welt zu entdecken.

Viele Siedlungen (u.a. Valletta und Victoria) und Bauwerke, sowie kulturelle und religiöse Gepflogenheiten entstanden unter der Herrschaft der Ritter des Johanniterordens, die im 16. Jahrhundert auf Malta eine neue Heimat fanden. Vor Ihrer rund 300 Jahre andauernden Führerschaft, die sie mit hohen Opfern gegen die Türken verteidigen mussten, kamen und gingen Herren aus unterschiedlichen Ländern. Den Phöniziern, die als erste die Inseln als Stützpunkt zum Ausbau ihres Seehandels nutzten, folgten die Römer. Gut 500 Jahre waren sie die Herren auf Malta. Noch während dieser Epoche wurde Mitte des 1. Jahrhunderts neuer Zeitrechnung mit dem Schiffbruch des Apostel Paulus der Grundstein für den christlichen Glauben der Malteser gelegt. Dem römischen folgte das byzantinische Reich. Im

8. Jahrhundert wurden die Inseln dann von den Arabern erobert. Die gut 200 Jahre lange Herrschaft der Islamiten konnte den christlichen Glauben der Inselbevölkerung jedoch nicht brechen. Auf diese Perio-

de folgten dreieinhalb Jahrhunderte Regentschaft europäischer Adelshäuser, bis Malta schließlich den Ordensrittern von Kaiser Karl V. überlassen wurde. Die Spuren dieser über gut 2500 Jahre wechselnden kulturellen Einflüsse sind noch heute vielerorts zu finden.

Sehr beständig zeigt sich auch der Nachlass der Tempelbauer. Diese kamen vor circa 6000 Jahren auf die Inseln und vermischten sich mit der ansässi-

Zeittafel	
Ca. 4000 - 2500 v. Chr.	Jungsteinzeit, Epoche der Tempelbauer (z.B. Ggantija), ohne Einsatz von metallischen Geräten
Ca. 2000 - 1000 v. Chr.	(Früh)Bronzezeit, erstes Auftreten metallischer Gegenstände
Ab ca. 1000 v. Chr.	Besiedelung von Phöniziern
218 v. Chr. - 395 n. Chr.	Die Römer besetzen Malta und entwickeln die Insel als Handelsstützpunkt
395 - 869	Byzantinisches Reich
870 - 1090	Malta wird von islamischen Truppen erobert und später von Arabern besiedelt
1090 - 1530	Normannen und Staufer, Franzosen und Spanier übernehmen im Wechsel die Macht
1530 - 1798	Johanniterzeit: Herrschaft der Malteser-Ritter
1798 - 1800	Napoleons Truppen besetzen die Inseln
1800 - 1964	Lord Nelson übernimmt Malta. Zugehörigkeit zum engl. Königreich
1964	Malta wird unabhängiger Staat
1974	Ernennung zur Republik
1990	Antrag auf Vollmitgliedschaft in der EU
2004	Mitglied in der Europäischen Gemeinschaft am 1.1.2008 wurde der Euro offizielles Zahlungsmittel

gen Urbevölkerung. In den darauf folgenden Jahrhunderten errichteten sie zahlreiche Tempel aus teils riesigen - bis zu 40 Tonnen schweren - Felsbrocken. Von diesen, einst über 35 Anlagen, sind heute nur noch einige erhalten. Wenn auch Gozo meist im Schatten der großen Schwester Malta steht, kann es in diesem Punkt mit dem Tempelkomplex Ggantija die wohl eindrucksvollste Anlage der maltesischen Inseln vorweisen.

Das politische Schicksal des Archipels wurde im Allgemeinen auf der Hauptinsel entschieden. Wie eine Stieftochter war das wenig besiedelte Gozo den Launen der großen Herren auf Malta ausgesetzt und dazu häufig Ziel plündernder und mordender Piraten oder Heerscharen. Als Außenstelle und Vorposten bot es kaum geschützte Rückzugsräume, was dazu führte, dass die Einwohnerzahl Gozos mehrfach stark dezimiert wurde. Besseren Schutz konnte erst die Zitadelle bieten, die noch heute in der Inselmitte ihre Mauern und Bastionen dem Himmel entgegenstreckt.

Die jetzt zu besichtigende Anlage entstand im 17. Jahrhundert in strategisch bester Lage. Sie wurde als Fluchtburg von der anliegenden Bevölkerung genutzt und war damit die Keimzelle von Victoria (malt. Rabat), der heutigen Inselhauptstadt. Die erste Ansiedlung auf dem rund 300 Meter breiten Hügelplateau wird übrigens auf das vierte Jahrhundert vor Christus datiert. Neben Festungen, Siedlungen und Kirchen sind die noch überall entlang der Küste verstreuten Wachtürme Zeugen aus der Ritterzeit. Diese Ära endete mit der Besatzung durch Napoleons Truppen im Jahre 1798. Doch schon bald wurden sie von den zu Hilfe gerufenen Briten verjagt. Malta wurde britische Kolonie und Marinestützpunkt. Im 2. Weltkrieg diente die Hauptinsel als Basis der Alliierten und war deshalb über zwei Jahre fast täglich Ziel deutscher und italienischer Bombenangriffe. Damals machte sich die abgelegenen Lage Gozos bezahlt, denn die kleine Schwesterinsel blieb gänzlich von Luftattacken verschont.

Ab 1945 schritt die wirtschaftliche Entwicklung schnell voran. Nachdem Malta 1964 unabhängig und 1974 zur Republik ernannt wurde und sich damit endgültig von der führenden Hand Englands gelöst hatte, ist der Inselstadt seit 2004 Mitglied der EU. Ab 1.1.2008 ersetzt nun auch hier der Euro das ursprüngliche maltesische Pfund. Man erwartet von dem EU-Beitritt, der allerdings in der Bevölkerung uneinheitlich eingeschätzt wird, einen weiteren Aufschwung für Wirtschaft und Tourismus, an dem vor allem Gozo verstärkt teilhaben möchte. Um beim künftigen Wachstum mitreden zu können, haben inzwischen auch gozitanische Abgeordnete im maltesischen Parlament eine Stimme. Bei der touristischen Entwicklung möchte man - im Gegensatz zur Hauptinsel - mehr auf Klasse als auf Masse setzen.

Sehenswürdigkeiten - Ein Ausflug auf Gozo

Zwar gibt es auf Gozo nicht so viel zu sehen wie auf Malta, doch sollte zumindest ein Tag für eine Inselrundfahrt investiert werden, um die touristischen Höhepunkte zu besuchen. Angeführt wird die Liste der Sehenswürdigkeiten zweifellos von Gozos Hauptstadt Victoria mit seiner Zitadelle. Beim Spazieren durch die historischen Gassen des alten Stadtkernes und über dessen Burgmauern bietet sich ein herrlicher Rundblick über die Insel. Daneben lohnt ein Besuch der Kathedrale mit ihrer „falschen", d.h. gemalten, Kuppel. Informativ ist weiterhin die Besichtigung des Kathedralen- und des Naturkundemuseums, die sich ebenfalls in der alten Zitadelle befinden.

Auch das heutige Stadtzentrum von Gozos Hauptstadt ist einen Spaziergang wert. Neben dem zentralen Marktplatz mit seinen zahlreichen Cafés gibt es weitere schöne Plätze und verwinkelte Gassen, die entdeckt werden wollen. Läden bieten Wein, eingelegten Schafskäse und andere heimische Produkte an. In östlicher Richtung gelangt man zum Stadtpark, der hinter dem Busterminal und einem Parkplatz liegt. Für heimische Verhältnisse ist der Villa Rundel Garden zwar nicht besonders üppig, doch beheimatet er die größte Pflanzensammlung dieser Gegend. Sie gibt einen schönen Überblick über die hiesige Flora und beinhaltet daneben auch viele exotische Gewächse.

Xaghra [scha-rah] ist ein zweites Ausflugs-Muss. Hier befindet sich Ggantija [Dschan-ti-ja], der vielleicht eindrucksvollste Tempel aus der Neusteinzeit. Dieser Komplex wurde vor über 5000 Jahren aus tonnenschweren Felsbrocken erbaut. Weitere dieser einzigartigen Bauwerke gibt es auf der Hauptinsel. Viele Fragen über die Erbauer und deren Lebensweise sind noch unerforscht. Man weiß immerhin, dass die Tempel, die damals Decken hatten, Priesterinnen als Wirkungsstätte dienten. Über dunkle Öffnungen im Gestein der Bauwerke empfingen sie Botschaften von der „Großen Fruchtbarkeitsgöttin". Gleichzeitig dienten die Tempel als Opferstätte.

Die alte Windmühle des Ortes wirkt neben diesem urgeschichtlichen Bauwerk sehr modern, obwohl sie immerhin aus der Ritterzeit stammt. Ein Besuch des zum Museum ausgebauten Gebäudes lohnt. Im alten Turm können neben dem historischen Mühlenwerk zahlreiche Gegenstände aus dem ländlichen Leben besichtigt werden. Zu guter Letzt hat Xaghra noch zwei kleine Tropfsteinhöhlen zu bieten. Weit berühmter als diese beiden Höhlen ist jedoch die sagenumwobene Calypso Cave, die von Xaghra aus in wenigen Autominuten zu erreichen ist. Hier verbrachte Odysseus sieben Jahre als Gefangener (und Liebesgefährte) der Nymphe Calypso - der Sage nach. Wer Spaß daran hat, kann, am besten mit Taschenlampe oder Kerze ausgerüstet, in die muffige Höhle hinabsteigen und sich dabei vorstellen, was sich hier vor langer Zeit abgespielt haben mag. Weit eindrucksvoller als die Höhle ist der Blick über den weiten Sandstrand der Ramla Bay, dem größten Strand von Gozo.

Weiter im Osten der Insel sind keine nennenswerten Höhepunkte mehr zu finden. Für Badefreunde bietet die raue Nordostküste noch einige kleine Buchten, wie die San Blas Bay, Dahlet Qorrot und Qala Point. Die Entdeckungstour sollte in Xewkija [Sche-ukia] fortgesetzt werden. Wen es nach eindrucksvollen Kirchenkuppeln gelüstet, ist dort richtig. Denn (wer hätte es erwartet?) in Xewkija befindet sich das dritthöchste Gewölbe Europas. 75 Meter erhebt sich das imposante, erst 1978 fertig gestellte, Bauwerk über die Ebene. Finanziert wurde das Gotteshaus übrigens nicht mit Mitteln aus dem fernen Rom, sondern durch die 700 Einwohner des Ortes.

Eine ebenso ansehnliche Leistung haben die Baumeister der Natur vollbracht, als sie die Bucht von Xlendi anlegten. Dieser fjordartige Einschnitt wird heutzutage von zahlreichen Restaurants und Hotels geziert und lädt, nach einem ausgedehnten Spaziergang entlang der Küste, zur Rast ein. Mehr als 100 Meter tief fallen hier die Steilwände ins Meer hinab und bilden eine wilde, bizarre Landschaft. Weiter westlich, am Dwejra Point ballen sich weitere landschaftliche Höhepunkte, wie das imposante Azur Window, der Inland Sea, das Blue Hole und der Fungus Rock. Letzterer, auf maltesisch „Il-Gebla Tal-General" d.h. Generalsfelsen genannt, hat eine ganz besondere Vergangenheit. Für seinen Schutz wurde im Mittelalter (1651) sogar ein eigener Wachturm errichtet. Dieses noch immer erhaltene Bauwerk sollte verhindern, dass die nur dort vorkommende Heilpflanze Fungus melitensis in falsche Hände geriet.

Auf dem Rückweg nach Victoria liegt etwas abseits von der Straße nach Victoria der nächste Stopp der Inselrundfahrt: die Wallfahrtskirche Ta'Pinu. Zu diesem bekanntesten Marienheiligtum Maltas pilgern noch regelmäßig Gläubige. Zahlreiche Relikte von Geheilten zeugen von den Wundern der Gottesmutter. Gewiss gibt es weitere lohnende Ziele auf Gozo. Die umfangreiche Reiseliteratur über die Inseln Maltas gibt entsprechend Auskunft [-> Literaturvorschläge]. Anderseits macht es oft am meisten Spaß, selbst auf Entdeckungsreise zu gehen.

Tipps und Reiseinfos von A - Z

- Anreise
- Archäologische Funde
- Auskünfte
- Benzin
- Bootsverleih
- Botschaften
- Busfahren
- Discotheken
- Einreise
- Essen und Trinken
- Fähre Malta - Gozo
- Fahrradfahren
- Feste und Feiertage
- Fotografieren
- Geld
- Gesundheit
- Haie
- Helikopterservice
- Internetlinks

- Karten
- Kleidung / Tauchanzug
- Leihwagen
- Meeres- und Umweltschutz
- Notruf
- Post und Telefonieren
- Reisezeiten (Saison)
- Sicherheit
- Sprache
- Strände
- Stromspannung
- Trinkwasser
- Unterkunft
- Urlaub mit Kindern
- Verkehrsregeln
- Wetter
- Zeitverschiebung
- Zoll

Anreise

Per Flugzeug ist Malta in circa drei Stunden von vielen großen Flugplätzen u.a. täglich mit Lufthansa, mehrmals wöchentlich mit Air Malta zu erreichen. Auch mehrere „Billigflieger" bieten inzwischen Flüge an. Vom internationalen Airport Luqa in der Nähe der Hauptstadt Valletta geht es in der Regel per Taxi und Fähre zu Gozos Hafen Mgarr. Dies ist, insbesondere für Gruppen, der günstigste Weg und dauert - je nach Fähranschluss - zwei bis drei Stunden. „Low budget-Reisende" können auch mit den örtlichen Bussen die Anreise zum Fährhafen (über den zentralen Busterminal in Valletta) durchführen. Seit kurzem gibt es eine direkte Busverbindung vom Flughafen zum Hafen. Der Gozo-Airport Shuttle kostet ca. 5 Euro.

Wer sich unabhängig fortbewegen möchte, setzt sich am Flughafen in den vorbestellten Leihwagen und übt sich schon mal im Linksverkehr [-> Verkehr]. Auf der Fahrt zum Fährhafen kann das neue Fahrgefühl u.a. an zahlreichen Kreisverkehren geübt werden. Wegen des dichten Verkehrs und unübersichtlicher Ausschilderung ist es aber praktischer und entspannter den Leihwagen erst auf Gozo zu übernehmen.

Archäologische Funde

Malta ist reich an historischen Überresten, die selten beim Tauchen aber häufig an Land gefunden werden können. Sie mitzunehmen und auszuführen ist strengstens verboten. Stattdessen besteht eine Anzeigepflicht, für die sicher jeder Verständnis hat. Zur Bewahrung von historischen Fundstellen ist das Tauchen im südöstlichen Bereich vor der Xlendi Bay und an der Ramla Bay untersagt.

Auskünfte

[-> auch Internetlinks] Allgemeine Reiseauskünfte und umfangreiches Informationsmaterial gibt es in Deutschland beim Fremdenverkehrsamt Malta, Schillerstraße 30-40, 60313 Frankfurt/Main, Tel: 069/28 58 90, Fax:28 5479. Email: info@urlaubmalta.com, Web: www.urlaubmalta.com

Reisetipps

Auf Gozo im Büro der MTA (Maltese Tourism Authority) in Victoria, Tigrija Palazz, Level 1, Republic Street, Tel.: (00356) 21561419, Fax: (00356) 21550254, Öffnungszeiten: Montag - Samstag: 09:00 - 17:30 Uhr. Kostenlose Hotline: 8007 2230 (nur bei Ortsgesprächen in Malta). Weitere Büros am Flughafen und in Valetta.

Benzin

Manchmal bestehen die Tankstellen nur aus einzelnen Zapfsäulen am Straßenrand. Zu finden sind diese - und immer mehr auch modernere - in Victoria und auf der Straße nach Mgarr (Hafen). Auch bleifreier Kraftstoff wird inzwischen angeboten. Eine 24-Stunden-Zapfstelle mit Geldautomat befindet sich an der Hauptstraße von Victoria. Bei der Fahrzeugvermietung sollte man sich nach der erforderlichen Treibstoffart erkundigen, da auch manche Leihwagen noch bleihaltigen Sprit benötigen.

Bootsverleih

Auf Gozo können Boote zum Tauchen mit und ohne Skipper gemietet werden. So z.B. am Inland Sea oder bei „Xlendi Pleasure Cruises": Ausflüge, Bootscharter, Wassersport (Paddel-, Tret- und Ruderboote), self-drive Sportboote. Büro (00356) 9947 8119 / 2155 9967, Water Sports / Self-Drive Boats (00356) 9942 7917, Fax: (00356) 21555667, Email: info@xlendicruises.com , www.xlendicruises.com . Führerscheinpflicht für Boote mit mehr als 4 Personen und mehr als 90 PS.

Botschaften

Republik Malta in Deutschland: Klingelhöfer Str. 7, 10785 Berlin, Tel: 030/ 263 910, Fax: 26391123, Email: maltaembassy.berlin@gov.mt

Bundesrepublik Deutschland auf Malta: Il Pjazetta Bldg., 1st floor, Entr. B, Tower Road, Sliema, SLM 1605, Tel: (00356) 21 336 520 / 531, Fax: 21 341 271, www.valletta.diplo.de/Vertretung/valletta/de/Startseite.html

Busfahren

Für den, der etwas Zeit hat und die Insel ohne Auto erforschen möchte, sind die grau-roten und meist museumsreifen Linienbusse eine spannende Möglichkeit.

Bezahlt wird beim Einstieg und für ca. 50 Cent sind die Sorgen des Linksverkehres vergessen. Gedruckte Fahrpläne gibt es am Hauptbusbahnhof in Victoria, manchmal auch im Bus. Fehlt ein Fahrplan, einfach nachfragen. Die freundlichen Gozitaner informieren gerne. Gehalten wird am „bus stop" (blaue Schilder). Alle Linien führen zum zentralen Busbahnhof in Victoria, bzw. wieder von dort weg. Vielleicht nicht allzu komfortabel, aber original!

Discotheken und Nachtleben

Auch auf dem fernen Malta ist „La Grotta" ein Begriff. Die bekannte Disco wird sogar von dort zum „saturday night fever" in einer Grotte und Tanz im Freien angefahren. Das Lokal, das nur in den Sommermonaten geöffnet ist, liegt an der Straße von Victoria nach Xlendi. Direkt daneben liegt der ebenfalls gern besuchte Club „El Paradiso". An den Wochenenden gilt: frühes Kommen sichert einen Parkplatz. Ansonsten ist ein kilometerlanger(!) Fußmarsch angesagt.

Weitere Diskotheken gibt es in Victoria und Marsalforn. Das Nachtleben beschränkt sich ansonsten auf gemütliche Bars und Restaurants. Im Winter sind viele Lokalitäten geschlossen. Da hilft dann nur noch das Kino im Citadel Theatre in Victoria.

Einreise
Für alle EU-Bürger gibt es keine Ein- oder Ausreiseformalitäten mehr. Ein gültiger Personalausweis ist natürlich mitzuführen. Kinderausweise müssen ein Lichtbild haben.

Essen und Trinken
Gourmets sind auf Malta schwer zufrieden zu stellen, obwohl es einige schmackhafte lokale Spezialitäten gibt. Geprägt wird das Speiseangebot jedoch von der „Fast-food-Küche": Burger, Pasta & Pizza sowie „fish and chips". Der Fisch kommt leider nur zu einem kleinen Teil frisch aus den hiesigen Fanggründen. Dort, wo lokale Spezialitäten angeboten werden, muss zudem aufgepasst werden, dass es kein touristischer Abklatsch ist.

Wo nun wirklich die typische „Bragioli" (eine Art Fleisch-Roulade), „Timpaka" (die maltesische Variante des griechischen Pastitsjo) oder „Lampuka" (ein besonders wohlschmeckender Fisch) aufgetischt werden, sollte bei einem vertrauenswürdigen Gozitaner erfragt werden. Durchschnittliche Ansprüche können die Restaurants sicherlich erfüllen. Die oft idyllische Lage der Lokale direkt am Wasser entschädigt für einiges. Dazu ein Gläschen Rot- oder Weißwein aus hiesiger Lage, und dem gemütlichen Tagesausklang steht nichts im Wege. Wer etwas Neues, Alkoholfreies probieren möchte, sollte ein „Kinnie" bestellen. Die bitter-herbe Limonade ist ein maltesisches Produkt aus Orangen, Wasser und

Kräutern. Als lokales Bier ist die Marke „Cisk Lager" zu empfehlen. Dieses braucht sich vor den teureren Importbieren nicht zu verstecken. Und noch ein Hinweis: ein Alsterwasser bzw. Radler heißt hier „Schandy" und schmeckt ziemlich süß.

Fähre Malta - Gozo
Der Fährverkehr zwischen Cirkewwa (Malta) und Mgarr (Gozo) funktioniert regelmäßig und pünktlich. In den letzten Jahren wurden moderne Schiffe gekauft, die nun die ehemals altersschwachen Fähren ersetzen. Wenn nicht das Wetter die Hafenmanöver beeinträchtigt, verkehren die Schiffe im Sommer (Juni – September) rund um die Uhr im Takt von 30 - 120 Minuten. Im Winter nimmt die Häufigkeit auf die Hälfte ab und nachts ist eine mehrstündige Pause einzukalkulieren. Der Spaß kostet für eine Person knapp 5 Euro mit Auto etwa 15, für Kinder 1,15. Bezahlt wird nur einmal auf der Hinreise von Malta. Die Überfahrt dauert 30 Minuten, eine Cafeteria ist an Bord. Auskünfte gibt das Büro der „Gozo Channel Company" in Mgarr unter Tel: (00356) 21580435-6, Fahrplanansage 21225016. Weitere Informationen und den aktuellen Fahrplan gibt es unter www.gozochannel.com.

Fahrradfahren
Aufgrund der Größe sollte Gozo ideal zum Fahrradfahren sein, wären da nicht die steilen Anstiege, die durchlöcherten Straßen und die erbarmungslose Sonne. Für diejenigen, denen es trotzdem Spaß macht, sind Leihfahrräder erhältlich, z.B. in Marsalforn, Xlendi und Victoria. Einige schöne Fahrradtouren sind im Gozo Adventure Guidebook beschrieben (-> Literaturtipps)

Reisetipps

Feste und Feiertage

Auf Gozo wird gerne gefeiert. Neben den offiziellen Feiertagen - häufig zu kirchlichen Anlässen - veranstalten viele Orte die so genannten Festas zur Ehrung der örtlichen Schutzpatrone, die unbedingt einmal miterlebt werden sollten. Die bunt geschmückten Orte stehen Kopf und es wird versucht, das Feuerwerk des Nachbarortes in Farbenpracht und Lautstärke zu überbieten. Die lokalen Festas auf Gozo finden ihren Höhepunkt am Sonntag, doch das jahrmarktähnliche Treiben - häufig auch mit Konzerten und Umzügen - beginnt in der Regel schon ein paar Tage vorher.

Eine Auswahl: In Munxar beginnt die „Festsaison" am letzten Maiwochenende. Dann folgt im Juni: Ghasri (1. So nach dem 10.), Xewkija (4. So), Nadur (29.6.), Juli: Gharb (1. Wochenende), Kercem (2.), Victoria (3.), Sannat (4.), August: Qala (1.), Xlendi (2. oder 3. So), Zebbug (1. So nach dem 16.), Ghanjsielem (letzter So), September: Xaghra (8.9.)

Offizielle Feiertage:
1. Januar: New Year's Day
10. Februar: St. Paul's Shipwreck (Schiffbruch des Apostel Paulus)
19. März: Feast of St. Joseph
31. März: Freedom Day (Zum Gedenken an den Abzug der Briten)
Ostern: Good Friday (Karfreitag)
1. Mai: Workers Day
7. Juni: Commemoration of 7. June 1919 (Zum Erinnerung an den antibritischen Aufstand von 1919)
29. Juni: Feast of St. Peter and St. Paul
15. August: Feast of the Assumption (Mariä Himmelfahrt)
8. September: Feast of our Lady of Victories (erinnert an das Ende der türkischen Belagerung)
21. September: Independence Day (Unabhängigkeitstag)
8. Dezember: Immaculate Conception (Unbefleckte Empfängnis)
13. Dezember: Republic Day
25. Dezember: Christmas Day

Ostermontag, Pfingstmontag und 2. Weihnachtstag sind keine Feiertage.

Fotografieren

Kein Urlaub ohne Fotos. In Zeiten moderner Digitalkameras stellt sich aber kaum noch die Frage, ob und wo man eventuell Filmmaterial bekommt. Wer dies noch benutzt, bringt es am besten von zu Hause mit und lässt es auch dort wieder entwickeln. Eine Versorgung mit gängigem Material besteht aber auch auf Gozo. Entwicklungen von Diafilmen und die Beschaffung von Spezialmaterial sind auf Malta möglich. Schnellentwicklung und Ausdrucke, auch von digitalen Medien, gibt es in Victoria.

Geld

Am 1.1.2008 wurde das maltesische Pfund (Malta Lira MTL - Lm) vom Euro abgelöst. Der offiziell festgelegt Wechselkurs beträgt 1 Lm = 2,3295 Euro. Für den Reisenden ist dies sehr praktisch und macht das bisherige Geldwechseln überflüssig. Nachschub für das Urlaubsbudget erhält man an Geldautomaten, die es in genügender Zahl auch auf Gozo gibt. Zum bargeldlosen Bezahlen werden in vielen Hotels, Restaurants, Tauchbasen und Geschäften auch alle gängigen EC- und Kreditkarten akzeptiert.

Gesundheit

Grundsätzlich bestehen keine anderen Risiken als in den umliegenden Mittelmeerländern. Besondere Impfungen sind nicht erforderlich. Die medizinische Versorgung in Malta ist gut und auch auf Gozo sichergestellt. Die sicherlich größten gesundheitlichen Gefährdungen stellen Hitze und Sonnenschein dar. Nicht nur im Juli und August kann es in der Sonne brüllend heiß werden, was besonders für kreislauflabile Personen ein Problem werden kann. Auch Taucher mit Anzug und schwerer Ausrüstung sind potentielle Überhitzungskandidaten. Also, auf jeden Fall Stress vermeiden und ganz wichtig: ausreichend Trinken, schon bevor der Durst einsetzt.

Bei dem üblichen Dauersonnenschein ist natürlich auch der Sonnenbrand eine sehr ernst zu nehmende Gefahr. Sonnencremes mit hohem Lichtschutzfaktor, Plätze im Schatten, Sonnenhut und lockere langärmelige Kleidung sind gute Mittel um sich zu schützen. Am besten sollten die Mittagsstunden ganz im Schatten verbracht werden. Weiterhin sollte darauf geachtet werden, dass verderbliche Lebensmittel immer kühl aufbewahrt werden, da sie sonst schon in kurzer Zeit schlecht werden können. Medizinische Erstversorgung erhält man am besten im General Hospital in Victoria. Hier gibt es seit 2006 auch eine Dekokammer. [-> Notrufnummern]

Haie

Es gibt sie! Immerhin sind fast 50 Haiarten im Mittelmeer beobachtet worden. Doch ob ein Taucher einmal die faszinierenden Meeresbewohner zu Gesicht bekommt, ist ungewiss. Zwar bietet der Tiefseegraben zwischen Malta und Sizilien geeigneten Lebensraum, auch für den Weißen Hai (1977 wurde ein sieben Meter langes Exemplar auf Malta gefangen). Mit der Überfischung der Thunfische wird ihm aber die Nahrungsgrundlage entzogen. Ein Treffen ist aber auch aus anderen Gründen äußerst unwahrscheinlich. Mit etwas „Glück" könnte dagegen die Beobachtung von Blau- und Katzenhaien, sowie Fuchs- und Makohai gelingen.

Haie gibt's nur als Badespass auf Gozo

Helikopterservice

Dieser Service, der noch bis vor einigen Jahren einen schnellen Transfer vom Malta Airport zum Gozo Heli-Port ermöglichte, wurde bis auf weiteres eingestellt.

Internetlinks

Ganz auf Kunden (d.h. Tourismus) orientiert, stellt sich Malta als Urlaubsland vielfältig im Internet dar. Wer detaillierte Informationen sucht, findet diese dort, oft durchsetzt mit viel Werbung. Aus der Vielzahl des Angebotes sollen nur einige genannt werden. Der Rest ergibt sich sowieso von selbst beim Stöbern im Web. Mit der Eingabe der Stichworte Gozo&Malta&Tauchen (Diving) bringt einen jede Suchmaschine sofort ans Ziel. Dann ist die Auswahl riesengroß. So zum Beispiel:

Allgemeine Informationen: [www.gozo.com], [www.gozo.de], [www.imalta.com], [www.malta-online.de], [www.gozo4you.ch], [www.islandofgozo.org]
Homepage des Fremdenverkehrsamtes:
[www.urlaubmalta.com]
Wetter: [www.gozo.ws]
Aktivsport: [www.gozoadventures.com]
Offiziell: [www.gozo.gov.mt]
Umwelt: [www.naturetrustmalta.org], [www.eco-gozo.gov.mt]
Aktuelles [www.gozonews.com]
Und: [www.gozo-tauchen.de] ergänzende Informationen des Autors zum Tauchführer, Gozo-Reisevermittlung und mehr ...

Reisetipps

Karten

Leider fast überall vergriffen ist die übersichtliche Landkarte (1:25.000) von Miller Guides. Ebenso günstig und gut ist eine neue Karte vom RMF, dem Automobilclub von Malta. Beide Karten sind sehr empfehlenswert und unentbehrlich für die nähere Erkundung der Insel. [-> Literaturvorschläge]

Karten für Navigationsgeräte sind bislang rar und für die in Deutschland gängigen Marken nicht kompatibel. Aber mal ehrlich: Wer benötigt auf einer 14 mal 7 Kilometer großen Insel ein Navi?

Kleidung / Tauchanzug

[-> auch Wetter] Von Mitte Mai bis Oktober kann sich bei der Kleidungswahl auf sommerliche Temperaturen eingestellt werden. Dabei sollten wegen der Sonnenstrahlung dünne, langärmelige Hemden und ein Sonnenhut nicht fehlen. Vorsicht: Da häufig eine leichte Brise weht, wird der Sonnenschutz gern vernachlässigt. Weiterhin sollte bedacht werden, dass Malta ein katholisches Land ist. Allzu lockere Kleidung, gerade in den Orten und bei Besichtigungen, sind deswegen unpassend (Zutritt zu Kirchen für Frauen nur mit bedeckten Schultern und Knien, aber auch Männer sollten angemessen bekleidet sein). „Oben ohne" ist verpönt, aber dennoch im Kommen. Respekt, gerade beim Umziehen zum Baden oder Tauchen, sollte den Landessitten entgegengebracht werden.

In Frühjahr und Herbst kann es bei wolkig-windigem Wetter gelegentlich frischer werden. Pulli, lange Hose und eine Windjacke sollten im Reisegepäck dann nicht fehlen. Ein Regenschutz ist dagegen nur an wenigen Tagen notwendig. Im Winter (Dezember bis März) sollte die Reisekleidung noch ein bisschen wärmer ausgelegt sein und eine dicke Jacke nicht fehlen. Die Badehose kann in dieser Periode dagegen zu Hause bleiben (es sei denn für den überdachten Hotelpool).

Für Taucher gelten folgende Empfehlungen für die Neoprenwahl: Für Herbst, Winter und Frühjahr ist der 7mm Nass- oder Halbtrocken-Anzug die richtige Wahl. Für häufiges und längeres Tauchen ist auch ein Trocki nicht zu verachten. Auch an Handschuhe sollte gedacht werden. Im Sommer, wenn die Wassertemperatur bis zu 27 Grad erreicht, kann die Neoprenschicht etwas dünner ausfallen oder mit einem Shorti getaucht werden. Hier entscheidet letztlich das persönliche Kälteempfinden und die geplanten Tauchzeiten.

In den kühleren und windigen Perioden sowie bei Fahrten im zugigen Auto darf eine Mütze zum Schutz der Ohren nicht fehlen. Wegen der Auskühlung beim Tauchen sind zudem ein Pulli und eine dünne Jacke (insbesondere, wenn der Heimweg im offenen Jeep erfolgt) empfehlenswert.

Leihwagen

Ein Mietfahrzeug ist gerade für Tauchgruppen, die selbständig tauchen wollen, unerlässlich. Wie sollten sonst die vielen Landtauchplätze erreicht werden? Entsprechend der zunehmenden Gästezahl auf den Inseln wächst auch das Angebot. Die Preise sind moderat und häufig kann der Wagen schon mit Unterkunft und Tauchpaket gebucht werden. Leihfahrzeuge können bei den großen Anbietern auch gleich ab/bis Flughafen reserviert werden. Ausweis und ein nationaler Führerschein reichen zur Anmietung. Der Mieter muss mindestens 21 Jahre alt sein (gelegentlich werden auch 25 Jahre gefordert).

Da die Straßen holprig und manchmal heftig steil sind, ist ein Jeep die bessere - allerdings auch teurere - Wahl. Die großen Maruti Jeeps sind für 6

Leute bzw. 3-4 Taucher mit Gepäck geeignet. Zwei Jeeps sind gut für ca. 8 Personen mit Ausrüstung. Es gibt auch kleine Jeeps, die wie die Pkws für 2-3 Taucher geeignet sind. Mehr Platz, aber weniger Bodenfreiheit bieten die ebenfalls häufig angebotenen Kleinbusse. Der Abschluss einer Vollkaskoversicherung ist zu empfehlen. Bei Unfällen sollte immer die Polizei hinzugezogen werden. Der Abschleppdienst RMF ist unter 2155 8844 zu erreichen. Gelegentlich sind auch Rufsäulen zu finden.

Nicht immer ist der Umgang mit Müll so kreativ

Meeres- und Umweltschutz

Leider ist Malta nicht berühmt für seinen Umweltschutz, im Gegenteil. Wilde Müllkippen, stinkende Autos und qualmende Fabrikschlote (die es glücklicherweise auf Gozo fast nicht gibt) zeugen deutlich von der Ignoranz und/oder Unwissenheit vieler Malteser gegenüber ihrer Umwelt. Mit 1200 Einwohnern pro Quadratkilometer hat diese kleine Republik die höchste Bevölkerungsdichte in der EU, was die Lösung der Umweltprobleme nicht leicht macht. Ein besonders übles Hobby ist zudem die Vogeljagd mit Flinte oder Netz, dem jährlich hunderttausende Singvögel zum Opfer fallen. Dieser traditionelle „Volkssport" ist in den letzten Jahren zumindest eingeschränkt worden und wird überwacht. In Folge des massig verballerten Schrots sind aber Boden und Grundwasser stark mit Blei angereichert. Auch dem Meer ergeht es nicht besonders gut. Es muss nach wie vor unzureichend gereinigte Abwässer und Müll schlucken und gibt dafür immer weniger Fisch her. Die Überfischung ist allerdings nicht nur auf die Malteser zurückzuführen, sondern auch auf den industriellen Fischfang anderer Nationen.

Ebenfalls ist Malta regelmäßig Opfer illegaler Reinigungen von Schiffstanks. So treiben bei entsprechenden Winden immer wieder kleine Ölteppiche an die Felsküsten und hinterlassen dort schwarze und klebrige Flecken. Erlaubt ist leider auch das Harpunieren - allerdings nur mit Lizenz und ohne Tauchgerät.

Aber auch Positives ist zu berichten. So wurde inzwischen auf Gozo eine Schutzzone um den

Dwejra Point herum ausgewiesen, in der u.a. das Fischen mit Netzen verboten wird. Damit, so wird gehofft, kann sich dort der Bestand an Großfischen erholen. Lokale Tauchbasen sorgen zudem gelegentlich mit Gewässerreinigungsaktionen für Aufmerksamkeit. Für die Zukunft mag erwartet werden, dass mit der Aufnahme in die EU die Annäherung an adäquate Umweltstandards erfolgt und auch das Vogelmorden beendet wird. Die Möglichkeiten, sich als Gast für die Umweltbelange der Inseln einzusetzen, sind sicher beschränkt. Doch sollte nicht gezögert werden, berechtigte Kritik angemessen auszusprechen. Schließlich ist der Tourismus eine wichtige Einnahmequelle.

Notruf

(allgemein und Tauchunfall)
[-> Notfallschema letzte Seite]
Die nationale Notrufnummer ist 112
Polizei 191
Feuerwehr 199
General Hospital Gozo mit Druckkammer
(Hyperbaric unit) 21 561600
Luftrettung 21 244371
Seerettung 21 238797 oder 21 225040
Dekokammer auf Malta:
21 234766.
Auch im Falle eines Tauchunfalls immer die Notrufnummer 112 anrufen. Wichtig für schnelle Hilfe ist u.a. die genaue Angabe des Aufenthaltsortes. So sollte jedes Gruppenmitglied immer den Namen des Tauchplatzes kennen, und auch wissen, wie dieser ausgesprochen wird.

Reisetipps

Eine Aussprachehilfe ist in diesem Führer beim jeweiligen Tauchplatz angegeben. Die Unfallmeldung erfolgt auf Englisch. Aber keine Angst, es reichen wenige Worte, um das Notwendige zu sagen. Eine Vorbereitung auf den Notfall ist dringend angeraten. Bei schweren Tauchunfällen (Dekokrankheit / Embolie) ist unbedingt darauf hinzuweisen, dass es sich um einen „Diving accident" handelt und eine Behandlung in der Druckkammer erforderlich ist.

Post und Telefonieren

Briefmarken für die Urlaubspostkarten sind in Postämtern, Hotels und überall dort, wo es die bunten Ansichtskarten gibt, erhältlich. Das Telefonieren nach Hause funktioniert mit einer „Telecarte" ganz einfach. Karten sind u.a. in Apotheken (pharmacy) zu bekommen. Dann die Karte in den Apparat schieben und 0049 - Ortsvorwahl ohne Null plus Anschluss eintippen und höre, die ferne Heimat ist plötzlich ganz nah. Telefonate sind nachts zwischen 21 und 6 Uhr am günstigsten. Für Anrufe aus Deutschland gilt die Vorwahlnummer 00356. An einigen Tauchplätzen stehen Telefonzellen für eine schnelle Alarmierung (vorher testen!).

Selbstverständlich funktionieren auch Handys auf Gozo. Nach Einbindung ins lokale Netz werden maltesische Nummern ohne eine Vorwahl erreicht. Eine 21 steht vor den Festnetznummern. Mobilfunkanschlüsse erkennt man an einer 08 oder 09 als erste Nummer. Beim Einsatz als Notfalltelefon sollte unbedingt geprüft werden, ob der Empfang vor Ort auch funktioniert. Für Gespräche mit dem Handy nach Deutschland wird genauso wie in der Telefonzelle gewählt. Da bekanntlich im Ausland zu den normalen Gebühren zusätzliche Roaming-Kosten anfallen, sollte man diese im Vorwege prüfen. Für Vieltelefonierer gibt es von der Telefongesellschaft Go Mobile günstige Prepaid-Karten. Und noch ein Tipp: manche Funktionen - z.B. Mailbox, Rufumleitung – lassen sich im Ausland nicht einstellen, so dass man dies bei Bedarf schon zu Hause erledigen sollte.

Reisezeiten (Saison)

Erstaunlich sind die hohen Gästezahlen in den Sommermonaten Juli und August, wenn die Hitze alles niederbrennt und der Aufenthalt im Freien zur Qual wird. Davor und danach ist es immer noch ziemlich heiß, doch lässt nicht jeder Schritt gleich den Schweiß in Strömen fließen. Gerade im Neoprenanzug kommt es schnell zum Hitzestau.

Ab Mitte April lohnt die Reise nach Gozo, um dem Sommer entgegen zu kommen. Das Wasser ist zwar noch frisch, dafür hat man die Tauchplätze meist noch für sich. Die Sonne bringt dann schon ausreichend Wärme für ein Sonnenbad oder das Mittagessen auf den Terrassen der schon eröffneten Restaurants. Der Frühsommer imponiert durch das kräftige Grün, was über den Sommer schnell verblasst. Der Spätsommer überzeugt dagegen besonders durch das warme Wasser und die höhere Wahrscheinlichkeit Großfische beobachten zu können.

Ab Ende September nimmt die Kraft der Sonne langsam ab und die Winde werden wieder häufiger und stärker. Auch ziehen dann gelegentlich Regenwolken übers Land und bewässern das vertrocknete Land. Reisesaison ist zwar das ganze Jahr über, doch ab Dezember wird es frisch und die touristischen Aktivitäten machen Winterpause. Ähnlich geht es den Tauchbasen, von denen viele bis zum Frühjahr die Pforten schließen. Ruhe kehrt ein auf den Inseln - vielleicht ein Anreiz, trotz des rauen Wetters?

Sicherheit

Bislang war Gozo durch die abgeschiedene Lage fast frei von Kriminalität. Doch inzwischen haben Langfinger auch Gozo als lohnendes Revier entdeckt. Viele schieben die Schuld auch der zunehmenden Zahl an (illegalen) Immigranten zu, die von Afrika übers Meer kommend in Europa eine neue Chance suchen. Aber ob diese Erklärung stimmt? Während man früher den offenen Jeep ohne Sorge stehen lassen konnte, kann dies heutzutage nicht mehr empfohlen werden. Also, besser etwas vorsichtig sein, als später den Verlust von Wertsachen zu beklagen. Verschließbare Fahrzeuge bieten mehr Schutz, sind aber auch keine 100%ige Lösung.

Sprache

Keine Angst - an der maltesischen Sprache muss keiner verzweifeln, ist doch Englisch die zweite Amtssprache. Da sie (fast) jeder versteht und spricht, ist die Verständigung hauptsächlich von den eigenen Fähigkeiten abhängig. Nur Mut, die kontaktfreudigen Gozitaner nehmen einem schnell die Angst vor der Sprachbarriere. Die baut sich allerdings haushoch vor einem auf, wenn man sich mit dem Maltesischen auseinandersetzen möchte. Aus dem Phönizischen heraus hat sich diese schwer verständliche Mundart, unter Einfluss der lateinischen, arabischen, italienischen und schließlich der englischen Sprache entwickelt.

Oft bestehen Worte fast vollständig aus einer Aufeinanderfolge von Konsonanten und man fragt sich hilflos, wie denn wohl „Triq il-Kbira", was Hauptstraße bedeutet, ausgesprochen wird. Da geht einem doch die englische Fassung „Main Street" besser über die Lippen. Und wie wird wohl „Tpejjipx" (No smoking) ausgesprochen?

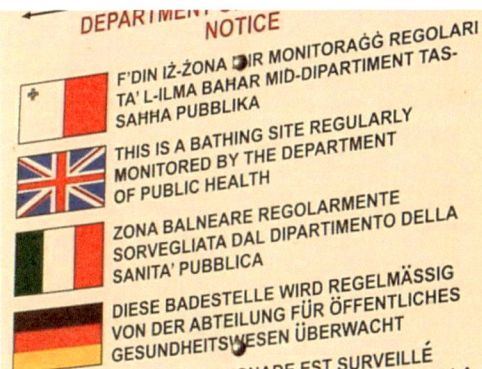

Erfreulicherweise wird lediglich zum Benennen von Ortschaften etwas vom maltesischen Sprachgeschick benötigt. Noch ein paar weitere Aussprachehilfen für die Ortsnamen:

Qala	`Ala
Ggantija	Dschantiia
Xaghra	Schahra
Zebbug	Sebbudch
Gharb	Ahrb
Xlendi	Schlendi
Munxar	Munschar
M`garr	Imdscharr
Xewkija	Sche-ukia

Strände

Wer ausgedehnte Sandstrände sucht, ist auf Gozo (aber auch auf Malta) am falschen Platz. Was das Taucherherz erfreut, nämlich die vielen felsigen

Steilufer, enttäuscht den maldivenverwöhnten Strandläufer. Ein wenig Mitleid, wenn auch nicht viel, hatte die Natur dennoch. Und so spendete sie an der Ramla Bay den einzigen größeren Sandstrand der Insel. Über ihm liegt der Mythos der liebestollen Nymphe Calypso, die in einer Höhle oberhalb der Bucht Odysseus als ihren Geliebten gefangen hielt. Damals war der Strand wohl noch einsam. Einige weitere winzige Sand- oder Kiesstrände decken kaum den Bedarf, können aber in ruhigen Jahreszeiten sehr idyllisch sein, wie z.B. der Kiesstrand von Ghasri Valley, der in einem schmalen Canyon liegt. Weitere passable Kleinststrände findet man in Xlendi, Mgarr Ix-Xini, sowie in den Buchten von Hondoq, San Blas und Xwieni. Kein Strand reicht allerdings an den der Blue Lagoon von Comino heran. Die Anreise erfolgt per Boot mit den örtlichen Tauchbasen und anderen touristischen Anbietern, was leider bedeutet: man ist nie allein! Übrigens: FKK ist untersagt, „oben ohne" ein Tabu.

Reisetipps

Stromspannung

240 V Wechselspannung ist für die aus Deutschland mitgebrachten Geräte geeignet. Bei den Steckdosen verrät sich noch die britische Vergangenheit. Klotzige 3-Pol Buchsen statt schlanker Europanorm machen einen Zwischenstecker erforderlich. Mit etwas Geschick lassen sich aber auch 2 polige Stecker in die Buchse drücken. Kleiner Tipp wenn kein „Saft" kommt: Viele Steckdosen sind mit einem Schalter ausgestattet.

Trinkwasser

Wasser ist ein kostbares Gut auf Gozo. Die Insel hängt an der Nabelschnur – über eine Pipeline (zu sehen bei einem Tauchgang in der Hondoq Bay), erfolgt die Wasserversorgung zum größten Teil von der Hauptinsel aus. Dort wird rund 60 % des maltesischen Trinkwasserbedarfes dem Meer entzogen. Ein etwas fahler Nachgeschmack bleibt nach der Entsalzung, doch ist das Nass aus dem Wasserhahn trinkbar.

Geschmacklich besser, und ggf. auch für die Kaffee- und Teezubereitung geeigneter, ist Mineralwasser ohne Kohlensäure aus der Flasche. Bei dem hohen Flüssigkeitsbedarf, der bei großer Hitze im Laufe eines Tauchtages anfällt, entsteht aber schnell ein Haufen an Kunststoffflaschen, die in den Müll wandern. Ein Tipp: Wasserfilter von Zuhause verbessern den Geschmack des Leitungswassers und ersparen den Kauf der Wegwerfbehälter. Überhaupt ist ein sparsamer Gebrauch des knappen Wasserangebotes angeraten. Ob das tägliche Auswaschen der gesamten Tauchausrüstung mit Süßwasser nötig ist, sollte auch unter diesem Gesichtspunkt betrachtet werden. Endlose Duschorgien und ähnliches sind ebenfalls ein Zeichen von Desinteresse an der lokalen Problematik. Leider wird auch seitens der Malteser der Trinkwasserverschwendung wenig Beachtung geschenkt, und so sind tropfende Wasserhähne und defekte Spülkästen ein ständiges Übel, auf das man ruhig einmal hinweisen kann.

Unterkunft

Auf Gozo gibt es ein vielfältiges und stetig zuneh-mendes Angebot an Unterkünften. Dem Massentourismus soll jedoch nicht das Tor geöffnet werden und deshalb wird für die Zukunft mehr auf Klasse statt Masse gesetzt. Und insbesondere hofft man auf die Taucher, die in jeder Preiskategorie fündig werden können: Die Auswahl reicht von einfachen Apartments und Pensionen, über idyllische Landhäuser bis hin zu Hotels aller Kategorien.

Die Hauptorte für Gozourlauber sind Marsalforn und Xlendi. Dort ist die touristische Infrastruktur am weitesten entwickelt. Über das Touristenbüro [-> Auskünfte] oder das Internet ist eine geeignete Bleibe schnell gefunden. Auch die Tauchbasen vermitteln in der Regel Unterkünfte oder bieten gleich komplette Pakete an. Sehr angenehm sind Quartiere mit Pool. Diese bieten eine willkommene Abkühlung an heißen Tagen und sind der angenehmste Ort, um die Mittagsstunden zu überbrücken. Besonders preiswert ist für Gruppen das Anmieten von Apartments oder kleinen Landhäusern. Hier ist man sein eigener Herr und sorgt selbst für die Verpflegung. Grundsätzlich gibt es auch das Angebot Gozo bei einem Reiseveranstalter als Pauschalpaket zu buchen, doch ist die Auswahl gering.

Urlaub mit Kindern

Gleich vorweg gesagt: Gozo ist aus vielen Gründen wenig kindgerecht! An dieser Auffassung kann auch die große Kinderfreundlichkeit der Malteser nichts ändern. Für Familien mit Kindern stellt sich ja oft die Frage, wie Hobby und Urlaub mit den Kleinen zu vereinbaren sind. Gefragt sind da z.B. Möglichkeiten zur Kinderbetreuung und Freizeitaktivitäten. Mit solchen Angeboten sieht es auf Gozo noch düster aus, so dass die Betreuung meist irgendwie selbst organisiert werden muss. Aber auch dann stellt sich die Frage, ob Gozo ein geeignetes Reiseziel ist.

Gerade in den Sommermonaten kann es äußerst heiß werden, und nicht jedes Kind verträgt dies. Und was soll überhaupt gemacht werden? Es bleibt fast nur der Strand oder besser, der sonnenschirmgeschützte Platz am Hotelpool. Vielleicht mag das dem ein oder anderen reichen. Auch bieten die

unterschiedlichen Tauchplätze einige Entdeckungs-
möglichkeiten. In der Hitze des Sommers wird aber
das Interesse schnell verfliegen. Und was dann?
Die kulturellen Höhepunkte sind auch weniger für
Kinder interessant. Und zum Wandern, Fahrradfahren oder Skaten gibt es sicher geeignetere Plätze
als Gozo. Wassersportbegeisterte Jugendliche, die
selbst schon schnorcheln oder tauchen (Freiwassertauchen ist auf Malta ab 10 Jahren erlaubt), kommen da schon eher auf ihre Kosten.

<u>Verkehrsregeln</u>
Auch wenn es nicht immer danach aussieht, unter-
liegt der maltesische Verkehr gewissen Regeln.
Man merkt es schon beim Einstieg ins Auto, hier
lenkt der Beifahrer, bzw. rechts ist das Steuer und
links wird gefahren. Gar nicht so schlimm – nur Mut
und ruhig bleiben. Die Schaltung befindet sich wie
zu Hause in der Mitte, allerdings praktischer mit der
linken Hand zu bedienen. Nicht so klar ist die Posi-
tion des Blinkers. Links oder rechts, beides ist möglich.

Und damit man nicht zur Freude seiner Mitfahrer
beim Abbiegen den Scheibenwischer betätigt, sollte
sich möglichst vor der Fahrt über die Lage der
Bedienhebel orientiert werden. Auf der Straße gilt
wie bei uns: rechts vor links. Aber Achtung: auf der
richtigen Fahrbahnseite nach vorfahrtsberechtigtem
Querverkehr suchen! In den zahlreichen Kreisverkehren hat meist der Verkehr innerhalb des Ringes
Vorrang. Es sei denn, es ist anders geregelt oder
ein Bus (mit eingebauter Vorfahrt) kommt. Glücklicherweise laufen die Uhren auf Gozo langsamer,
was sich auch beruhigend auf den dortigen Verkehr
auswirkt.

Die Geschwindigkeitsbegrenzungen liegen in Städ-
ten bei 50 km/h, auf Landstraßen bei 80 km/h. Die
Promillegrenze ist auf 0,8 festgelegt.

<u>Wetter</u>
[-> auch Reisezeit] Sehr heiße, trockene Sommer
und frische, windig-feuchte Winter prägen das maltesische Klima. Frühjahr und Herbst sind die ange-
nehmsten Zeiträume, mit vielen warmen Tagen und
wenig (Regen-)Wolken. Windig ist es fast das ganze
Jahr und mit kurzen, aber heftigen Stürmen darf all-
zeit gerechnet werden. Nachfolgende Tabelle stellt
die wichtigsten Wetterangaben dar:

Badewetter herrscht auf Malta von Mai bis November

Die Zahlen bedeuten:
1)   mittlere Höchsttemperatur in ° Celsius
2)   mittlere Tiefsttemperatur in ° Celsius
3)   tägliche Sonnenscheindauer in Stunden
4)   mittlere Zahl der Tage mit Regen
5)   mittlere Wassertemperatur in ° Celsius

		Jan	Feb	Mrz	Apr	Mai	Jun	Jul	Aug	Sep	Okt	Nov	Dez
Tag	1)	14	14	16	18	22	26	29	29	27	24	19	16
Nacht	2)	10	10	11	13	16	19	22	23	22	19	15	12
Sonne	3)	6	6	8	9	10	12	13	12	9	8	6	5
Regen	4)	12	7	6	4	2	0	0	1	3	9	10	12
Wasser	5)	15	14	15	15	18	21	24	25	24	22	19	17

Reisetipps / Literaturvorschläge

Zeitverschiebung

Gibt es nicht. Auf Gozo gilt GMT + 1 Stunde, wie zu Hause. Im Sommer kommt ebenfalls noch eine Stunde obendrauf. Und doch gibt es so etwas wie Zeitverschiebung: man betrachte nur die vielen doppeltürmigen Kirchen, die meist an beiden Türmen eine Uhr tragen. Wenn überhaupt, geht nur eine davon richtig. Die zweite steht, ist aufgemalt oder läuft nach dem Mond. Ein Relikt vergangener Tage als mit diesem Trick versucht wurde, den Teufel zu verwirren, damit er nicht die Gottesdienste stört.

Zoll

Malta gehört zur EU und so gibt es im innereuropäischen Warenverkehr keine Beschränkungen für Gegenstände die zum persönlichen Bedarf gehören. Für große Mengen an Tabakwaren oder Alkoholika muss ein Nachweis für Eigenbedarf erbracht werden, doch ist dies wohl für Fluggäste mit 20 – 30 kg Gepäcklimit unerheblich. Für gewerbliche Waren sollte man sich vorab beim Zoll informieren.

Literaturvorschläge

Leider nimmt die Zahl der Bücher über die Biologie des Mittelmeeres eher ab, so dass manche Vorschläge nur noch „antiquarisch" erhältlich sind.

Meeresbiologische Werke:
Bergbauer, Matthias/ Humberg, Berndt
Was lebt im Mittelmeer?
Kosmos Naturführer -> Bestimmungsbuch

Riedl, Rupert
Fauna und Flora des Mittelmeeres
Verlag Paul Parey -> Das Standardwerk

Moosleitner, Horst/ Patzner Robert
Unterwasserführer Mittelmeer
Delius Klasing Verlag/ Edition Naglschmid,
2 Bände: Niedere Tiere/ Fische

Göthel, Helmut
Farbatlas Mittelmeerfauna, Verlag Ulmer

Weinberg, Steven
Erlebte Unterwasserwelt Mittelmeer
Verlag Delius Klasing/ Edition Naglschmid

Debelius, Helmut
Fischführer Mittelmeer u. Atlantik
Jahr Verlag

Valentin, Claus
Faszinierende Unterwasserwelt d. Mittelmeeres
Verlagsbuchhandlung Paul Parey, Hamburg 1986

Brümmer, Maack, Schill
Meeresbiologie: Spezialkurs zur Tauchausbildung mit Mittelmeerteil
Verlag Delius Klasing/ Edition Naglschmid

Literaturvorschläge

Weitere Tauchführer:
Wood, Lawson & Lesley
Malta, Gozo, Comino - Tauchen & Reisen
Delius Klasing Verlag/ Edition Naglschmid, 2000
(engl. Dive Guide Malta-Gozo-Comino, Neuauflage
2006)

Middleton, Ned
Malta Tauchführer
Jahr Verlag Hamburg, 1998

Lemon, Peter G.
Shore Diving The Maltese Islands
Lavenham Press Limited, GB, Neuauflage 2007

Malta/ Gozo Reiseführer:
Es gibt ein buntes Angebot. Gozo ist allerdings oft
nur ein kurzer Abschnitt gewidmet.

Latzke, Hans E.
Malta mit Gozo und Comino
Dumont Reisetaschenbücher, 2008

Lips, Werner
Malta, Gozo, Comino
Reise Know-how Verlag Peter Rumpf, 2008

Bussmann, Michael
Malta, Gozo und Comino
Michael Müller Verlag, 2007

Landkarten:
Gozo, Comino Comprehensive Map 1:25.000,
Miller Guides (auf Gozo erhältlich)

Gozo Map 1:25.000, RMF, Malta 2001 (auf Malta
oder beim Autor erhältlich)

Malta: Wander-, Freizeit- und Straßenkarte
1: 25.000, Kompasskarten

Zum Schmökern :
Bradford, Ernle
Das Schild Europas, Ullstein Sachbuch
Spannende historische Erzählung (antiquarisch)

Bradford, Ernle
Johanniter und Malteser
Die Geschichte des Ritterordens
Universitas, 1996

Hammett, Dashiell
Der Malteser Falke, Diogenes Taschenbuch.
Mit Humphrey Bogart verfilmter Krimi

W.Pogge van Ranken
Meine Freundin, deine Freundin
Liebesgeschichte die auf Malta + Gozo spielt

Monserrat, Nicholas
Der Kaplan von Malta
Verlag rororo, (nur auf Malta erhältlich)

Wandern/ Aktivsport:
Kolb, F.J.
Wandern auf Malta, Gozo, Comino

Hancock, Xavier
Gozo Adventures Guidebook
Tauchen/ Klettern/ Wandern / Radfahren
(engl. auf Malta oder bei www.gozo-tauchen.de
erhältlich)

Multimedia:
Sedlitzki, S., Tegge, K.-Th.
DVD: **Tauchen auf Gozo**: Videoimpressionen und
UW-Aufnahmen von 8 Tauchplätzen, Gozo Dia-
show

Hutter, Frederic
CD-Rom: panoround GOZO & COMINO
Virtueller Reiseführer mit 360° Bildern

Sprachführer:
Die maltesische Sprache in allen Situationen
Praktisches Lehrbuch für Touristen
(auf Malta erhältlich)

Ohk, Kim
Kauderwelsch, Maltesisch Wort für Wort
Reise Know-How Verlag Rump, 2001

Bilderläuterungen / Es empfehlen sich:

Erläuterungen zu den Bildseiten (jeweils von links oben nach rechts unten)

Seite 7 - Tauchen auf Gozo: 1) Krustenanemonen gibt es an zahlreichen Überhängen. 2) Im Tunnel vom Inland Sea. 3) Manchmal geht's nur per Sprung ins Wasser 4) Am Wrack der MV Karwela. 5) Überall gibt es schöne Durchbrüche

Seite 11 - UW-Welt: 1) Bunte Überhänge gibt es überall 2) Fischreichtung an den Steilhängen 3) Taucher mit Sepia 4) Feuerwurm: Finger weg! 5) farbenprächtige Röhrenwürmer sind häufig zu finden

Seite 17 - Gozo Landschaft:1) Hondoy Bay: Hier kann nach dem Tauchen noch ein (Sonnen)Bad genommen werden 2) Natürlicher Durchbruch: Azure Window 3) Historischer Wachturm an der Südküste

Seite 59 - Malta-Impressionen: 1) Bunte Fischerboote sind Tradition 2) Bei der täglichen Netzpflege 3) Hafen von Sliema bei Valetta 4) Steinzeittempel Hagar Quim 5) Muße am Hafenquai

Seite 64 - Auf Gozo: 1) Kirche, (nicht nur) schön bei Sonnenuntergang 2) in der Qbajjar Bay 3) Ländlich: Blick von der Zitadelle 4) Ankunft auf Gozo im Hafen von Mgarr 5) einsame Feldwege durchziehen die Insel 6) Kleine Bar am Wegesrand

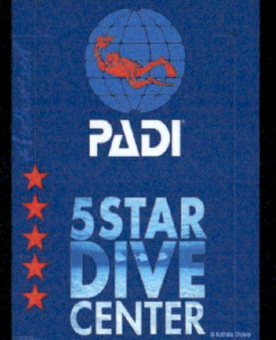

Es empfehlen sich:

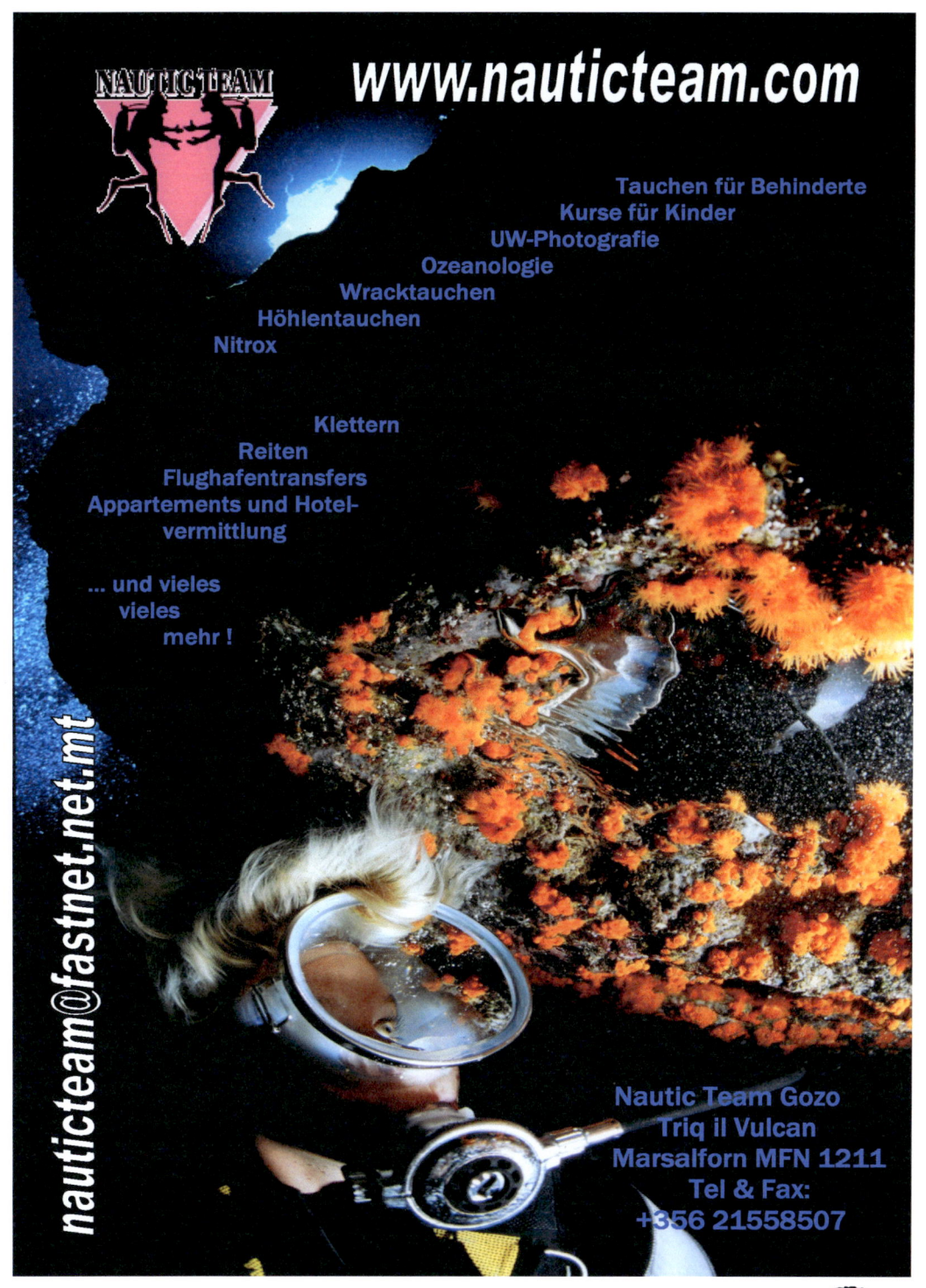

Es empfehlen sich:

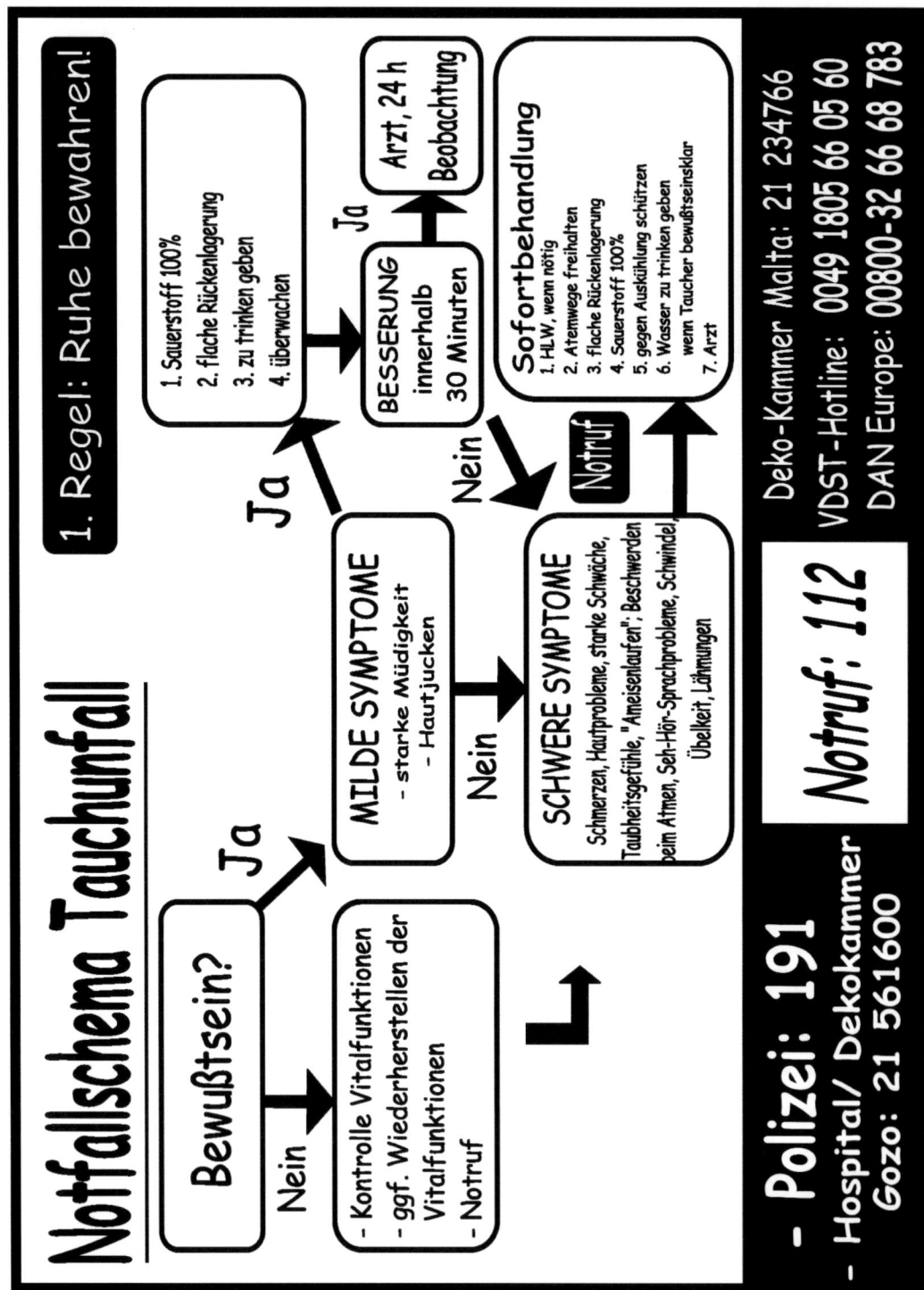

Notfallschema Tauchunfall

1. Regel: Ruhe bewahren!

Bewußtsein?

Nein → - Kontrolle Vitalfunktionen
- ggf. Wiederherstellen der Vitalfunktionen
- Notruf

Ja → **MILDE SYMPTOME**
- starke Müdigkeit
- Hautjucken

1. Sauerstoff 100%
2. flache Rückenlagerung
3. zu trinken geben
4. überwachen

Ja → **BESSERUNG** innerhalb 30 Minuten

Ja → Arzt, 24 h Beobachtung

Nein → Notruf

Nein → **SCHWERE SYMPTOME**
Schmerzen, Hautprobleme, starke Schwäche, Taubheitsgefühle, "Ameisenlaufen", Beschwerden beim Atmen, Seh-Hör-Sprachprobleme, Schwindel, Übelkeit, Lähmungen

→ **Sofortbehandlung**
1. HLW, wenn nötig
2. Atemwege freihalten
3. flache Rückenlagerung
4. Sauerstoff 100%
5. gegen Auskühlung schützen
6. Wasser zu trinken geben wenn Taucher bewußtseinsklar
7. Arzt

- **Polizei: 191**
- **Hospital/ Dekokammer Gozo: 21 561600**

Notruf: 112

Deko-Kammer Malta: 21 234766
VDST-Hotline: 0049 1805 66 05 60
DAN Europe: 00800-32 66 68 783

84